高龄社会环境下
女性生育观念研究

韩　蕊　著

浙江工商大学出版社
ZHEJIANG GONGSHANG UNIVERSITY PRESS
·杭州·

图书在版编目(CIP)数据

高龄社会环境下女性生育观念研究 / 韩蕊著. —杭州:浙江工商大学出版社,2024.5

ISBN 978-7-5178-5989-5

Ⅰ. ①高… Ⅱ. ①韩… Ⅲ. ①女性—生育—社会问题—研究 Ⅳ. ①C923

中国国家版本馆 CIP 数据核字(2024)第072441号

高龄社会环境下女性生育观念研究

GAOLING SHEHUI HUANJING XIA NÜXING SHENGYU GUANNIAN YANJIU

韩　蕊　著

责任编辑	张莉娅
责任校对	王　英
封面设计	望宸文化
责任印制	包建辉
出版发行	浙江工商大学出版社
	(杭州市教工路198号　邮政编码310012)
	(E-mail:zjgsupress@163.com)
	(网址:http://www.zjgsupress.com)
	电话:0571-88904980,88831806(传真)
排　　版	杭州朝曦图文设计有限公司
印　　刷	杭州宏雅印刷有限公司
开　　本	710mm×1000mm　1/16
印　　张	11.25
字　　数	180千
版印　次	2024年5月第1版　2024年5月第1次印刷
书　　号	ISBN 978-7-5178-5989-5
定　　价	56.00元

本著作由以下课题项目资助：

国家留学基金管理委员会公派出国访学项目（横滨国立大学）：（CSC）
202108510079

2022年度浙江省中国特色社会主义理论体系研究中心浙江海洋大学
基地立项课题：共同富裕视域下女性生育观念研究

浙江海洋大学人才引进科研项目（课题编号11125090222）

四川省哲学社会科学重点研究基地 社会治理创新研究中心课题：积
极老龄化背景下高龄友善社区构建研究——以宜宾市为例（课题编号
SHZLZD2005）

出版に寄せて

　著者である浙江海洋大学准教授の韓蕊氏は、中国国家留学基金管理委員会の支援により、2022年12月から1年間、横浜国立大学大学院環境情報研究院の外国人客員研究員として、私の研究室（社会老年学研究室）に受け入れられました。この間、私の学部および大学院の授業とゼミに参加し、日本語の高齢社会に関する研究論文などを精読したり、地域でのポランティア活動に参加したり、日本の高齢社会に関する知識を深めてきました。

　この間の研究活動の成果として、「中国の一人っ子政策に関する変遷および人口の現状」という日本語の論文も執筆（未発表）しています。加えて、今回の外国人客員研究員としての研究活動の集大成として、本書が執筆されました。これは高齢社会における女性の出産にかかわる観念（出生率、出生意欲、家族計画などを含む）を丹念にかつ精緻に分析・検討したものです。日中の国際比較の視点も本書の内容をさらに深めることにつながっています。受け入れ教員である私の専門分野・社会老年学に密接にかかわる論考が強く印象に残っています。本書が出版されることは、私にとっても大きな喜びです。

　本書が中国の多くの研究者に読まれることにより、中国の高齢社会における女性の出産に関する理解が深まることを期待しています。また、日中両国の国際比較の知見は、日本のこのテーマに関係する研究者にも役立つ内容であると思われます。今後も中国において研究活動に精励されることを期待しています。

安藤孝敏教授

横浜国立大学

2023年11月

前　言

　　人口可持续发展是经济社会实现可持续发展的基本条件,中华文明之所以长盛不衰、延续至今,庞大的人口基数是一个重要因素。自新中国成立以来,生产力获得了解放,人口也获得了快速增长,为我国工农业的发展进步奠定了良好的基础。党的十一届三中全会以来,由于人口众多形成的统一大市场和充裕年轻劳动力形成的人口红利,是我国改革开放取得巨大成功的两个重要因素。进入21世纪20年代后,我国结婚率屡创新低,离婚率不断创新高,人口出生率也屡创新低:2020年全国出生人口为1200万;2021年全国出生人口1062万,人口出生率为7.52‰;2022年全国出生人口956万,出生率为6.77‰,自然增长率为-0.60‰,这是我国人口第一次陷入了负增长。面对严峻的人口形势,近年来我国正加快完善生育政策。2013年,我国决定放开单独二孩;2015年底,中共中央、国务院又决定在单独二孩的基础上实施全面两孩政策;2021年,我国又进一步实施了一对夫妻可以生育三个子女政策,但人口出生率还是创下了新低。为了应对人口生育率迅速下降的挑战,我们需要找到有效的解决方案,为未来社会的持续发展和繁荣打下坚实的基础。进入新时代以来,我们面临着一个正进行着中国式现代化的社会,各种社会因素和经济力量在不断地塑造着我们对生育观念的认知和态度。其中,社会环境的影响尤为关键。社会环境不仅反映了一个国家或地区的经济、文化、法律等因素,还直接影响了个体和家庭的生育决策。本书旨在深入研究和比较中日两国女性在高龄社会[①]环境下的生育观念,探讨这些观念是如何受到不同社会环境的塑造和影响的。

生育率下降已经成为全球范围内的一大社会问题,人口结构的变化对社会经济发展及其可持续性产生了重要影响。中国作为全球人口大国,正经历着人口结构的深刻变化,同时,日本则是人口老龄化严重的代表国家,被称为"超老龄社会"。日本人口不断下降的经历表明,人口生育率过低将导致人口活力下降,人口规模趋于萎缩,从而给经济社会发展带来显著负面冲击。从全球视角来看,我国生育率下降是全球生育率下降的一部分。1960—2014年间,全球190个有数据的国家和地区中,仅有3个国家的总和生育率是略有上升的,而我国在这段时期的生育率下降水平在全球范围内排在第45位。中国和日本的人口老龄化问题,无论是在规模还是影响程度上,都具有国际重要性,因此,深入研究中日两国在人口老龄化状况下女性生育问题上的共性和差异,对于理解全球范围内的人口挑战具有重要的意义。

本书将通过对中日两国社会环境等各种因素的仔细分析,探究高龄社会环境对女性生育观念的影响机制。本书将深入研究中日两国在经济、文化、教育、家庭结构等多个层面上的异同,以及差异是如何在塑

---

① 本书中"高龄"和"老龄"同义,但在表述社会环境时使用"高龄社会"这一表达,在其余处均使用"老龄"这一表达。特此说明,后文不再一一标注。——编者注。

造女性的生育观念方面发挥作用的。此外,本书还将通过广泛的深度访谈和详尽的问卷调查,收集和分析中日两国女性的生育观念和生育行为数据,以更全面地了解个体在这一背景下的决策过程和态度。

本书的目标之一是为相关政策制定和社会工作提供理论依据和实践参考。通过揭示高龄社会环境下,影响中日两国女性生育观念的主要因素和规律,本书希望为政府、研究机构和社会工作者提供有力支持,以更好地满足不同女性的生育需求,制定更加智慧和精准的政策措施。笔者也期待本书能够为社会学、人口学、妇女问题、性别研究等领域的学者提供新的研究维度和框架,促进学术界对这一重要议题的深入探讨。

生育观念不仅仅是个体选择问题,还关系到一个国家的未来和社会的可持续发展。本书希望读者能够深入思考社会环境等要素对广大民众的生育思维和行为产生的深刻影响,以及在面对政治、经济、文化等社会变化时,如何更好地理解和应对这些影响。笔者相信,只有通过大家共同的努力和不懈的奋斗,我们才能更好地应对和遏制生育率下滑势头,努力改善人口总体结构。因此,我们应该继续加大改革力度,继续完善各项生育政策,努力提高适龄人口的生育意愿和生育水平。

目　录

导　论 ···（001）

第一章　高龄社会环境下的女性生育观念 ···············（013）

　　第一节　高龄社会的概念和特征 ··················（015）

　　第二节　生育相关概念及女性生育观念的重要性 ·········（019）

　　第三节　高龄社会对女性生育观念的影响 ··········（028）

第二章　社会文化因素对女性生育观念的影响 ·········（033）

　　第一节　家庭观念与女性生育观念 ··············（035）

　　第二节　教育与女性生育观念 ··················（050）

　　第三节　媒体与女性生育观念 ··················（064）

第三章　经济因素对女性生育观念的影响 ···············（077）

　　第一节　就业与女性生育观念 ··················（082）

　　第二节　经济压力与女性生育观念 ··············（094）

第四章 政府政策对女性生育观念的影响 ……………………**(105)**

第一节 生育政策对女性生育观念的影响 …………………(111)

第二节 教育政策对女性生育观念的影响 …………………(128)

第五章 跨国比较:高龄社会环境下中日两国女性生育观念的异同

…………………………………………………………………**(131)**

第一节 中日两国高龄社会比较 …………………………(133)

第二节 中日两国女性生育观念的差异与相似之处 ………(139)

第三节 中日两国政策对女性生育观念的影响比较 ………(143)

第六章 结论与展望 ……………………………………**(147)**

参考文献 …………………………………………………**(152)**

附录 女性生育意愿访谈提纲 …………………………**(162)**

后 记 ……………………………………………………**(164)**

导 论

在高度全球化的21世纪,世界面临着百年未有之大变局,我们将要面临新的机遇和挑战。全球范围内的人口结构变化,是当前我们面临的重要挑战之一。随着医疗技术的提高和社会进步的推动,人类的寿命在不断地延长,但人口生育率却呈现出下降的趋势。这一趋势引发了全球范围内人口结构的急剧变化,我们正逐渐迈入一个高龄社会时代。在面临人口老龄化挑战的大部分国家中,女性选择推迟或放弃生育的趋势越来越明显。这一趋势的背后,是过去几十年里社会发生了深刻的变化。女性的社会地位显著提升,接受教育的机会明显增加,更多的女性能够接受高等教育并获得学位,从而拥有了更广泛的知识和技能,为她们的职业发展奠定了基础。同时,女性在各个行业和领域中的参与度也在不断提高。无论是在家政、护理、教育行业,还是在科技、金融、管理等领域,女性的身影都越来越多。许多女性在各个行业中占据了领导地位,担任高级管理职位。此外,许多国家和地区通过法律和政策来保障女性的合法权益和就业机会,包括禁止性别歧视、平等工资、提供产假和育儿假等措施,为女性提供了更好的工作环境和权益保障。越来越多的女性选择自主创业或就业,成为企业家或自由职业者等。同时,这种社会进步也带来了一系列新的挑战和抉择。女性在事业和个人追求之间做出选择,推迟生育或选择不生育的决策变得常见。她们在个人发展和家庭责任之间寻找平衡,但其中的困难和压力不容忽视。

首先,社会对女性的期待呈现出多元化趋势。女性不仅需要在职场上表现出色,还需要承担起家庭和抚养子女的责任,这种双重压力可能导致女性在职业发展和家庭生活之间产生冲突,甚至可能影响到她们的身心健康。其次,社会在对女性的评价标准上还存在歧视和偏见。即使女性在职业领域取得了显著的成就,她们的身份和价值往往还是被赋予到生育和育儿的角色上。这种评价标准可能导致女性在追求职业发展的同时感到内疚和焦虑。再次,社会对女性的支持和帮助还有待加强。虽然许多国家和地区已经采取了一些措施来保障女性的合法权益,但在实际操作中,这些措施的实施效果并不理想。例如,产假和育儿假政策在某些情况下可能导致雇主对女性产生偏见,而平等工资的实施也面临种种难题。最后,生育与否的决策牵涉深层次的社会、文化、经济因素。例如:教育和职业发展的机会增加,使得女性有了更多的选择;生活成本的提高和工作压力的增大,使得育儿成本越来越高;社会对女性的期待和评价标准,使得女性在选择生育时面临更多的压力和挑战。

对此我们要从多个角度来应对。我们需要改变对女性的期待和评价标准,不仅要尊重女性的职业选择,也要尊重她们的生育选择。我们还需要提供更多的社会支持和帮助,包括提供更加灵活的工作安排,提供更多的育儿资源和支持,以及帮助女性平衡职场和家庭之间的关系。我们也需要对女性做出的生育决策进行更深入的研究,以了解其背后的社会、文化、经济因素,从而为政策制定提供更有力的依据。在高龄社会环境下,女性的角色和地位发生了深刻的变化。虽然我们面临着诸多挑战,但是只要我们共同努力,就能找到解决问题的方法,实现真正的性别平等,为所有人创造一个更好的未来。

生育率及生育意愿对一个国家或地区的人口结构乃至整个经济社会的发展都会产生深远影响。生育意愿的概念或内涵一直在不断地发展和演变,学术界对生育意愿的认知和定义是一个从存在分歧逐渐走向达成共识的过程。生育意愿往往被定义为人们在生育上的愿望、追求,人们对待生育行为的态度和看法,育龄妇女所期望的子女数和性别比例等。故它的内涵被界定为三个维度:理想子女数、性别偏好和生育间隔。

一个家庭的生育并不能脱离社会而独立存在。当意识到人口剧增超过社会所需而产生负面影响时,人类便采取了对家庭实行计划生育的做法。因此,在家庭范畴内存续的生育便与社会交织在一起。生育不仅是一家之事,也连接着家庭与社会。人口的代际更替对一个国家或地区的人口结构乃至整个经济社会的长远发展都会产生重要影响,生育相关的政策也因此成为各个国家经济社会发展过程中的一项重要政策。在当今社会,随着人口老龄化的加剧,女性生育观念成为一个备受关注的话题。随着科技的进步和社会的变迁,许多国家和地区面临着人口结构失衡、生育率下降和人口老龄化的挑战。这些挑战不仅对社会经济发展产生了影响,也对个体家庭的生活方式产生了深远影响。

中国和日本是东亚地区的两个重要国家,在高龄社会环境下,对这两国女性的生育观念进行比较研究具有重要的理论和实践意义。这两个国家虽然都存在着人口老龄化和生育率下降的问题,但由于文化、历史和社会经济环境的差异,两国女性的生育观念存在着一些差异。在中国,一方面,随着社会经济的发展和观念的变化,越来越多的年轻人开始反思传统的"传宗接代"和"养儿防老"观念,他们更愿意为小家庭投入更多的精力和资源,另一方面,由于教育、医疗等开支的增加,许多年轻家庭在考虑生育时也需要考虑经济压力。在日本,社会更倾向于小家庭。许多年轻人选择推迟生育或不生育,以专注于职业发展或个人生活。

随着社会的发展和人口老龄化的加剧,民众对女性的生育观念开始有了新的认识和理解。本书旨在深入探究这种生育观念转变的原因和影响因素,以帮助我们更好地理解女性的生育观念在高龄社会中的变化。我们要理解的是生育观念并不是孤立存在的,它受到多种社会因素的影响。例如,职业发展的机会,教育水平的提高,经济压力的增加,以及家庭与事业的平衡等问题,都会对女性的生育观念产生深远影响。随着女性的社会地位和受教育程度的提高,她们开始更加积极地发展自己的职业生涯,而这往往会导致她们推迟生育计划。同时,现代社会中的经济压力也使得越来越多的女性选择推迟甚至放弃生育。然而,我们必须意识到,影响女性生育观念的不仅仅是社会环境和经济因素,还有女性自己的内心世界。在本书中,我们将倾听女性的声音,了解她们在追求个人梦想和承担家庭责任之间的挣扎,揭示她们的动机、价值观和心理过程。笔者希望通过这种方式来更好地理解为何越来越多的女性选择推迟生育或不生育。此外,国家政策和社会应对措施也在很大程度上影响了女性的生育观念。例如,较强的家庭支持政策、良好的职场灵活性和完善的儿童教育设施,都可以帮助缓解女性生育的压力。同时,社会对不同生育选择的接受程度也会影响女性的生育决策。因此,本书将对这些政策和措施进行深入研究,以便更好地理解其对女性生育观念的影响。

女性生育观念的变化不仅反映了社会的发展,也反映了女性在社会中的地位和角色的变化。因此,理解和尊重女性的生育观念,是我们面对人口老龄化问题的关键。笔者希望这个研究能够促进社会对女性选择的尊重和支持,为创造一个包容、平等和繁荣的社会做出贡献。相信只有当每个人都能够自由地做出对自己最有利的决策时,社会才能实现真正的进步。因此,我们必须尊重女性的生育选择,无论是选择生育还是选择不生育,她们都应该得到社会的理解和支持。我们的社会正在发生深刻的变化,女性的生育观念也在随之变化。这种变化可能会带来一些挑战,但也为我们提供了独特的机会,让我们能够更深入地理解女性的需求和期望,以及她们如何在复杂的社会环境中做出生育决策。我们必须承认,每一个女性都有她自己的生育观念,这种观念是根据她的个人经历、教育背景、职业选择以及社会环境等多种因素形成的。我们不能简单地将女性生育观念归纳为单一的模式,而应该尊重每一个女性的独特性。我们还需要认识到,生育观念并不是孤立存在的,它与社会环境、文化背景、教育水平、经济状况等多种因素密切相关。因此,我们需要从社会学、心理学、人口学、经济学等多个维度来研究女性的生育观念。通过本书的研究,笔者希望能够提供一个全面而深入的视角,帮助读者理解和分析女性的生育观念在高龄社会中的变迁,以更好地应对人口老龄化带来的挑战。

一、研究背景

在社会发展和人口结构变迁的推动下,包括中国和日本在内的全球众多国家都面临着人口老龄化的挑战。国际上通常用老年人口比例作为衡量人口老龄化的标准。一般把60岁及以上的人口占总人口的比例达10%,或65岁及以上的人口占总人口的比例达到7%作为一个国家或地区进入老龄化的标准。这一标准已被广泛应用于国际及国内的人口研究和政策制定。总和生育率是一个关键的人口学指标,反映了一个国家或地区的生育水平和生育趋势。如果总和生育率为2.1,那么预计平均每个女性在其生育年龄段(15~49岁)会生育2.1个孩子。这一数值被视为维持人口平衡的生育水平。如果总和生育率低于2.1,那么该国家或地区的人口将呈现下降趋势。反之,如果总和生育率高于2.1,那么该国家或地区的人口将持续增长。①总和生育率受到许多因素的影响,包括经济发展水平、教育程度、女性就业率、文化观念、社会政策和家庭规划措施等。不同国家和地区的总和生育率存在显著差异,这反映了各自不同的社会背景和发展阶段下的生育行为和决策。

因此,深入研究女性在高龄社会中的生育观念愈加重要。这不仅有助于我们理解和应对人口老龄化的挑战,也为我们提供了一个全新的视角去观察和理解高龄社会中女性的生育行为和决策。据国家统计局数据,2019年,我国65岁及以上老年人口达1.76亿,占全国人口的12.6%;截至2023年底,我国65岁及以上人口达2.17亿,占全国人口的15.4%,中国正逐步进入深度老龄化社会。中国与日本,作为拥有庞大人口及类似社会构造的两个国家,均面临着人口老龄化的问题。然而,鉴于历史、文化以及社会背景的差异性,两国女性的生育观念有所不

① 王猛,梁闻焰,黄妍妮.女性生育意愿及其实现:基于互联网问卷调查数据的实证研究[J].华中科技大学学报(社会科学版),2017,31(4):110-118.

同。对中国与日本女性生育观念进行比较分析，可以为我们制定更精准的政策和措施提供重要参考。

在人口老龄化背景下，深入探讨和比较中日两国女性的生育观念，对于理解两国的人口动态、预测未来的人口趋势，以及制定有效的人口政策具有重要意义。这种比较研究可以揭示出两国女性在生育观念和行为上的相似性和差异性，为我们应对老龄化挑战提供有价值的见解和建议。同时，这也可以为我们理解影响生育观念和行为的各种因素，如文化、经济、教育和社会政策等，提供一个全面的视角。

女性的生育观念对社会的人口结构和整体发展具有深远影响。在高龄社会环境下，女性的生育观念受到多种因素的影响，包括但不限于家庭观念、经济压力、社会文化因素以及政策措施等。了解并研究女性的生育观念对于制定社会政策和提供相关社会支持具有重要价值。本研究将在这一背景下，深入探究中国和日本两国女性的生育观念。本书将立足高龄社会环境，以社会文化因素、经济因素和政策措施为分析视角，对中国与日本两国女性的生育观念进行深度剖析，还将比较两国女性的生育观念异同，并尝试探究其背后的原因。本书将从社会文化因素的角度出发，探索社会传统观念、性别角色和家庭价值等因素是如何影响女性的生育观念的。例如，受到儒家文化的影响，中国和日本的女性可能会更加重视家庭和孩子，这可能会对她们的生育观念产生重要影响。本书还将探讨经济因素对女性生育观念的影响。例如，在当前经济环境下，教育投资、房产价格和生活成本等经济因素可能会影响女性的生育决策。另外，本书还将研究政策措施对女性生育观念的影响。政府的政策措施，如生育政策、教育政策和社保政策，可能会对女性的生育观念产生重要影响。本书将分析中国和日本的相关生育福利、社会保障等政策,并探讨它们对女性生育观念的影响。通过这种深度研究,笔者希望更好地理解女性生育观念的变化及其影响因素。这不仅可以提供关于应对老龄化挑战的有价值论域,同时也可以为政府制定适当的社会政策提供理论和实践上的参考。

二、研究目的和意义

本研究的主旨在于深度探索并理解在高龄社会环境下,中国与日本两国女性的生育观念以及影响生育观念的各种因素。这种比较研究揭示了中日两国女性在高龄社会环境下生育观念的变迁过程。通过对大量定量和变量数据的收集、分析和研究,本研究诠释了中日两国女性对于生育的态度、意向以及影响生育决策的各种考量因素。这将有助于我们揭示随着社会环境的演变女性生育观念的转变趋势,分析塑造影响中日两国女性生育观念的因素。本书将研究社会文化因素、经济因素等如何影响女性的生育观念,并揭示这些因素在不同国家背景下对女性生育观念的作用机制。通过比较中日两国女性生育观念的异同,本研究以期为制定有针对性的不同社会方案和措施提供参考依据。同时,根据研究结果,本研究将为我国的政策制定者、决策者和相关机构提供政策建议和实践指导,以促进人口平衡发展、优化生育环境并提供适当的支持和服务。

本研究的重要性在于:高龄社会中女性的生育观念是一个复杂且重要的主题。在许多国家和地区,人口老龄化趋势已经引发了大众对社会、经济、医疗保健和文化价值的深入思考,在这种背景下,女性的生育观念也随之改变。通过深入分析和研究不同国家女性的生育观念,我们可以更全面地了解高龄社会环境下女性的生育态度和决策,深化对社会发展和女性观念的理解,加强不同国家和地区间的交流与合作。本研究结果将为制定适应高龄社会的政策和措施提供指导,以促进人口平衡发展,提高女性生育决策的自主性和可持续性。通过研究女性生育观念的变迁,本书可以进一步关注和保障女性的生育权益,提供适当的建议支持和咨询服务,满足女性在高龄社会中的生育需求。

三、研究方法和框架

本研究将遵循以下流程以全面理解高龄社会环境下中日两国女性的生育观念:一是文献回顾。通过整理和分析相关学术文献、统计数据和政策文件,笔者将掌握对高龄社会中女性生育观念的国内外研究状况和成果,为本研究提供理论基础和参考。二是问卷调查。笔者将设计并执行一项定量调查问卷,调查对象是中日两国不同地区、年龄段和社会背景的女性。笔者将收集数据并进行统计分析,以揭示女性的生育态度、意愿和决策因素。三是访谈。笔者将选择一定数量的中日两国女性进行访谈,通过与她们的直接对话和深入交流,深入了解她们的生育观念、个体经历和决策过程,以获取更为详细和丰富的数据。四是对比分析。笔者将对中日两国女性生育观念的调查数据和访谈材料进行对比分析,探究两国女性生育观念的异同,并尝试解释其背后的原因和影响因素。五是理论概念。笔者将利用相关的社会学、人口学、性别学等学科的理论框架,来解读研究问题,探索社会文化因素、经济因素、政策措施等对女性生育观念的影响机制。

通过以上研究方法和框架的综合运用,本书旨在全面、深入地探究高龄社会环境下中日两国女性生育观念的变化情况,为相关政策的制定提供建议与支持,同时也为进一步研究相同或类似议题提供方法和框架参考。

第一章　高龄社会环境下的女性生育观念

▶第一节 高龄社会的概念和特征

"老龄化"这个词是舶来品,是由英文单词aging翻译而来的,通常被理解为"population aging"或"aging of population"(即"人口老龄化")。依照西方有关词典的解释,所谓人口老龄化,指一个人口总体中的中老年人口所占比例或份额不断增加,抑或青少年人口所占比例不断递减这样一种渐进过程。观察发达国家的人口动态,我们可以发现全球老龄化已经成为一个不可逆的现象。随着人类健康状况的改善和医疗技术的提升,人类的预期寿命正在延长,并且这一趋势将持续下去。从发达国家的经验来看,全球的少子化也可能成为一个普遍趋势。老龄化和少子化的主要特征或原因包括低出生率、低死亡率和低自然增长率。根据联合国经济和社会事务部发布的2019年《世界人口展望》报告,尽管21世纪世界人口持续增长,但自然增长速度却大幅降低。该报告的基准预测显示,到2100年全球人口总数将达到110亿左右,但人口自然增长速度将显著减缓,由1965~1970年的年均增长20.5‰降低到年均增长0.4‰,几乎达到停滞状态。

老龄化描述的是特定年龄段(如65岁或更高)的人口在总人口中的比例达到一定水平,并持续增长的现象。对于何时可以确定一个国家或经济体已经进入老龄化社会,国际上并没有一个绝对统一的标准。

老龄化现象的出现基本上有2个原因：一是随着社会的发展，人口的平均寿命逐渐提高；二是由于国家之间在经济社会发展水平、劳动就业制度、地理位置、气候、风俗习惯等方面的差异，人口的平均寿命以及就业者的退休年龄也会有很大的差别。例如，一般认为，由于气候的影响，热带地区的人口平均寿命会稍低于寒带地区。然而，为了研究便利，我们还是需要一个基础的理论框架来解释和分析老龄化。其中一个广泛接受的重要指标是65岁及以上的人口占总人口的比例是否达到7%。如果达到这个比例，就说明该国家或地区已经进入了老年型人口状态，即老龄化社会。许多发展中国家也把60岁及以上的人口占总人口的比例达到10%作为进入老龄化社会的标准。少子化则是指0～14岁的人口占总人口的比例或者总和生育率持续下降，并达到一定程度的过程。这两种人口比例的变动可能是由于老年人口的绝对或相对增加，也可能是由于少年儿童人口的绝对或相对减少。前者主要依赖于降低中老年人口的死亡率和提高人口的平均寿命来实现，后者则主要通过降低出生率或生育率来实现。

在全球的许多地方，我们都可以观察到一个趋势，那就是社会的老龄化。这不仅是因为生育率的下降，也是医疗技术进步、健康状况改善以及长寿意识增强等多方面因素影响的结果。如果深入观察高龄社会的年龄结构，我们就会发现其呈现出底部较狭窄、中间较宽、顶部较宽的特征。也就是说，老年人口的比例已经超过了年轻人口的比例，导致了年龄结构的倒置。这种年龄结构的变化，对社会的多个领域都产生了重大影响。首先，劳动年龄人口的比例相对较低，这意味着劳动力供给逐渐减少。随着劳动力供给的减少，经济发展可能会受到一定的阻碍，因为劳动力是推动经济发展的重要力量。其次，社会福利压力增加,特别是在养老和医疗领域。随着老龄人口比例的增加,社会面临的养老压力日益增大。养老金、医疗服务、长期护理等社会福利需求成为公众关注的重要议题。最后,社会结构和家庭关系也发生了显著的变化。随着社会经济的发展和教育水平的提高,许多人选择了推迟结婚和生育,更专注于事业发展和个人成长。这不仅导致了晚婚和晚育现象的出现,也进一步拉低了生育率,从而使少子化家庭的比例增加。

在高龄社会中,生活成本通常较高,经济压力也较大。许多人可能会在经济条件更为稳定后才选择组建家庭,或者出于经济考虑选择不结婚或不生育。值得注意的是,在现代社会,个人追求和独立性越来越受到重视。有些人更倾向于独自生活,享受独立和自由的生活方式,而不愿意为了结婚或组建家庭而妥协。

同时,随着社会观念的变化和离婚法律的改革,离婚率在一些地区可能会上升。离婚后的个人可能会选择过单身生活,而不再组建新的核心家庭。在高龄社会中,老年人口比例明显增加。老年人可能因为丧偶或离异而形成"一人户"家庭,也可能因在子女结婚后独自居住而形成空巢家庭。因此,传统的多代同堂的家庭逐渐减少,而核心家庭、"一人户"家庭和空巢家庭的比例增加了。这种家庭结构的变化给家庭对老年人的照顾带来了挑战。当家庭成为老年人主要的照顾者时,"一人户"家庭和空巢家庭的增加可能会导致老年人缺乏必要的照顾和支持。高龄社会的出现也给社会政策带来了新的挑战。养老保险、医疗保障、社会福利等政策需要适应高龄社会的结构和需求。政府需要考虑如何调整和优化这些政策,以满足高龄社会的特殊需求。例如:养老保险政策需要考虑如何扩大覆盖范围,提高养老金水平,以满足老年人的生活需求;医疗保障政策需要考虑如何提高医疗服务的质量和可及性,以满足老年人的医疗需求;社会福利政策需要考虑如何提供更多的社会服务和支持,以帮助老年人应对生活困难。同时,高龄社会的出现也带来了新的机会。例如,养老服务、健康护理、休闲娱乐等产业,都有巨大的发展潜力。这些产业的发展不仅可以满足老年人的需求,同时也可以创造更多的就业机会,推动经济的发展。

随着高龄社会的到来,在许多西方国家,女性晚婚和晚育的现象越来越普遍。例如,根据美国疾病控制与预防中心的报告,自1970年以来,美国女性的首次生育年龄已经从21岁上升到26岁。这种现象部分是由于女性在获得更高的教育水平和发展职业生涯方面花费了更多的时间。根据世界银行的数据,全球生育率在过去几十年中一直在下降。例如,日本是一个典型的高龄社会,其生育率已经低于维持人口稳定所需的标准。这种生育率的下降是由许多因素导致的,包括经济压力、女性受教育程度的提高和就业能力的提升,以及对养育孩子成本的担忧。在高龄社会中,女性的社会角色和地位的变化已经改变了她们的生育观念。例如,在瑞典、挪威和丹麦,女性的社会地位特别高,这些国家的政策支持女性在生育和职业之间找到平衡。这可能会鼓励女性在实现职业目标的同时,也能够实现生育的愿望。现代社会中医疗科技的进步也改变了女性的生育观念。例如,冷冻卵子技术的普及使得女性可以在她们选择的时间点生育。此外,领养也为那些不能或不愿生育的女性提供了更多的选择。由此可见,高龄社会中的女性生育观念正在发生深刻的变化。这些变化可能会对人口结构、家庭结构、社会政策和经济发展产生不可估量的影响。

▶第二节　生育相关概念及女性生育观念的重要性

　　生育是制约人口变动的重要人口学因素,而生育水平则会对未来的人口规模和人口结构产生直接的影响。[①]出生率,也被称为总出生率或粗出生率,是一个常用的生育指标,指在一定时期内(通常为1年)一定地区的出生人数与同期内平均人数(或期中人数)之比。本书中的出生率指年出生率,其计算公式为:出生率=年出生人数/年平均人数×1000‰。[②]出生率一直被视为衡量一个国家或地区生育水平的重要指标,它能反映出一定时期内的生育情况。例如,根据国家统计局发布的数据,2018年中国的人口出生率为10.94‰,这意味着在那一年中,每1000名中国人中大约有11个新生儿。全球各地的出生率差异较大,但总体趋势是在逐渐下降的。这个现象部分是因为随着社会经济的发展、教育水平的提高和生育观念的改变,越来越多的人选择延后生育或者减少生育。出生率的降低在一定程度上反映了少子化程度的提高。

　　生育率是指按一定性别和一定年龄计算的每千人所生育的活婴

---

① 尹豪.人口学导论[M].北京:中国人口出版社,2006:92.

② 哈申格日乐,李吉跃,姜金璞.城市生态环境与绿化建设[M].北京:中国环境科
　　学出版社,2007:23.

数。与出生率指标按总人口数计算不同,生育率指标是按育龄妇女数计算的。育龄妇女的界定通常以 15～49 岁为准,因此生育率指标的计算不包括男性人口,也不包括 15 岁以下和 50 岁及以上的女性人口。根据研究需要的不同,生育率还可以细分为总和生育率、年龄别生育率、完全生育率、累计生育率、一般生育率等多种更具体的指标。

总和生育率是最佳生育率指标之一,可以综合地反映一个人口群体的生育水平,因此应用非常广泛。总和生育率并非一名女性一生生育的真实子女数,而是表示按某一时期的年龄别生育率和生育水平条件,一名女性在其生育年龄段(15～49 岁)可能生育的子女数。例如,2015 年日本国势调查数据显示,2015 年日本的总和生育率为 1.45,这表示如果日本全国的育龄女性都按照 2015 年日本的年龄别生育率进行生育,则在 15～49 岁的整个育龄期间每名女性将生育 1.45 个子女。

更替水平是分析和衡量生育水平的重要指标值,它指的是足以维持人口世代更新、人口规模不增不减的生育率水平。具体地说,以净人口再生产率为 1 时的生育率水平作为更替水平,即同一批妇女生育子女的数量恰好能替代她们本身以及她们的伴侣,总人口维持不增不减。而这时的生育率被称为更替水平。一般用总和生育率来表示更替水平。[1]

年龄别生育率是一定时期内(通常为 1 年内)平均每千名某年龄组育龄妇女中出生人数的比率,亦即按育龄妇女年龄别计算的生育率,也可简称为按龄生育率。[2]因为随着育龄妇女年龄的变化,其生育水平会产生很大的差异,因此在研究和分析育龄妇女的生育行为和生育水平

---

① 尹豪.人口学导论[M].北京:中国人口出版社,2006:99.

② 吴忠观.人口科学辞典[M].成都:西南财经大学出版社,1997:64.

时,年龄别生育率指标有极大的优势。年龄别生育率指标还可以用来间接地计算其他的多项生育率指标。

完全生育率是对一个年龄群体内,已经结束生育期的女性在一生中平均生育的子女数的度量,也被称为终身生育率。这个指标不会受到年龄结构改变的影响,通常以女性的生育期(15~49岁)为基准进行计算。比如,根据1988年中国2‰生育节育抽样调查数据,1939年全国出生的女性在达到49岁时的完全生育率为4.68,这意味着这一年龄群体的女性在一生中平均生育了4.68个孩子。然而,完全生育率的数据统计并不容易获得,因为我们无法在某个年龄群体的女性还在生育期的时候,就精确地计算她们的终身生育率。此外,即使针对已经结束生育期的年龄群体,我们也需要长期且连续的年龄别生育率的面板数据才能计算出她们的完全生育率。尽管如此,完全生育率仍然是研究人口长期生育水平变动的重要指标,并在人口预测中有着重要的应用价值。例如,日本国立社会保障和人口问题研究所所做的人口预测就是以队列要素法为基础,利用历史出生同批人的完全生育率数据对预测所需的多项参数进行推算的。

未婚是指达到结婚年龄而由于某些原因尚未结婚,某一年龄(或年龄组)未婚人口数与该年龄(或年龄组)总人口数的比值即为该年龄(或年龄组)的未婚率。终身未婚是未婚的特殊形式,通常女性超过育龄期而尚未结婚,则被视为终身未婚。男性终身未婚行为的衡量往往也参照这一标准。在不考虑婚外生育的情况下,一批女性的终身未婚行为意味着其完全生育率为0。因此,研究其终身未婚率的变化对分析其生育行为和生育水平具有重要的意义。终身未婚率的计算方法主要有2种,一种是计算一个人口群体中年满50岁而未婚的人口数与该人口群

体中年满50岁的全部人口数之比,另一种是由一个人口群体中45～49
岁年龄组和50～54岁年龄组人口未婚率的平均值算出。影响终身未婚
率的因素多种多样,其中社会、经济、文化是主要因素。社会、经济发展
水平的变化使人们的婚姻观念也发生了变化,导致终身未婚率呈现上
升趋势,这被称为非婚化。在中国,随着社会转型和经济发展,大部分
女性已经从传统的家庭主妇转变为职业女性,因此,她们在生育方面的
选择也发生了很大的变化。首先,现代社会的生活压力加大,许多年轻
人需要面对工作、住房、婚姻等多重压力,这让生育变成了一种负担。
在经济压力下,许多年轻人选择将生育置于事业发展之后,尤其是在一
线城市,高昂的生活成本也让年轻人不得不推迟生育计划。其次,现代
社会的生活方式和价值观念发生了变化,许多年轻人更加注重个人发
展和自由,而不是传统的家庭观念和责任感。这也反映出现代社会对
个人权利和个体选择的尊重。再次,随着网络的发展,许多年轻人的生
活状态都暴露在公众视野中,其中包括家庭暴力的存在、婚后配偶的无
所事事以及理所当然的态度,这些都使得许多人在权衡利弊后选择了
独立生活。这些人发现,与好朋友相处,或者独自生活,比起需要"伺
候"配偶,更加舒适快乐。最后,现代医学技术的发展也给许多年轻人
提供了更多选择,比如冷冻卵子等技术,让女性有更多的时间和空间去
追求自己的事业和梦想,也为生育提供了更多可能性。

　　日本的长期数据显示,晚婚化和非婚化的趋势明显:自1975年以
来,日本人口的结婚数量和结婚率一直呈下降趋势;首次结婚的平均年
龄一直在上升;已婚比例总体上呈下降趋势。结婚数量和结婚率是反
映婚姻状况的最基本指标,可以直观地反映婚姻状况的变化。随着
1947～1949年第一次婴儿潮期间出生的人口逐步进入结婚年龄,日本

第一章　高龄社会环境下的女性生育观念

人口的结婚数量在 1972 年达到历史最高的 110 万对,在 1970～1974 年间均高于 100 万对。随后,日本人口的结婚数量和结婚率都迅速下降,1987 年的结婚数量降至 70 万对以下,结婚率下降至 5.7‰。到 2017 年,日本人口的结婚数量降至 60.7 万对,结婚率降至 4.9‰,均创造了历史最低纪录。据日本电视台报道,日本 2022 年的结婚数量更是降至 51.4 万对。在这样的环境下,社会和政府都面临着巨大的压力,如何去应对人口结构的变化,如何调整社会政策以适应新的人口结构,这都是未来需要解决的问题。同时,对于年轻人来说,如何在面临生活压力和追求个人发展的双重压力下,寻找到一种平衡,也是他们需要面对的挑战。此外,我们也要注意到,低生育率并不仅仅是中国和日本的问题,而是全球范围内的问题。许多发达国家,如美国、德国、法国等,也都面临着类似的问题。这对全球的经济发展、社会稳定都产生了深远的影响。总的来说,生育率降低和晚婚化的趋势是全球性的问题,这是现代社会发展的重要现象。这反映了现代社会的多元化和个体化趋势,也体现了现代科技发展给个体带来的更多选择。当然,这也带来了许多社会问题,如人口老龄化、社会保障压力加大等。在日本,由于一些社会和文化因素的影响,结婚率和生育率低下的现象已经普遍存在了。这种现象的推动因素包括适婚年龄人口数量的减少以及非婚化趋势的发展。据日本国立社会保障和人口问题研究所的数据,1960 年日本男性和女性的终身未婚率仅分别为 1.26% 和 1.88%,但这 2 个数值在持续增长,到了 2015 年,日本男性的终身未婚率达到了 23.4%,女性的则达到了 14.1%。这种非婚化的趋势无疑对日本的婚姻状况产生了重大影响,进一步导致了生育率的下降。同时,我们还可以观察到日本的平均初婚年龄在逐年上升。1947 年,日本男性的平均初婚年龄为 26.1 岁,女性的为22.9岁。然而,到了2017年,这2个数值分别上升到了31.1岁和29.4岁。这样的变化使得较年轻的女性的已婚比例降低,由于日本的非婚生育率极低,这无疑导致了生育率的下降。更重要的是,由于晚婚的影响,育龄妇女的有效生育期被大大缩短了。尤其是考虑到20～29岁是女性生育能力的高峰期,日本女性的有效生育期已经完全错过了这个理论上的高峰期,这无疑对生育水平的降低产生了重大影响。

女性生育观念是一个广泛的话题,它涵盖了女性对于生育和育儿的态度、价值观和信念。这种观念对于一个社会的生育率、人口结构甚至社会经济发展都有着重要的影响。首先,生育意愿是女性生育观念的重要组成部分。它主要体现在女性对于生育的欲望,包括生育目的、生育数量和生育时间。生育目的是一个主观的概念,它主要涉及女性生育的动机,这些动机可以是出于个人的愿望,比如希望通过生育来实现自我价值,或者出于社会的期待,比如为了应对家庭和社区带来的生育压力。生育数量则是一个更具体的指标,它可以通过理想子女数和实际生育数进行衡量。生育时间的选择不仅会影响生育意愿能否在短期内转化为实际的生育行为,同时也会影响女性的再生育可能性。其次,女性生育观念还涉及女性对于育儿责任和角色的看法。在传统观念中,女性通常被认为是主要的育儿者,而男性则被视为家庭的经济支持者。然而,随着社会的发展,女性的社会角色和职业地位都发生了显著变化,这也对女性的生育观念产生了影响。越来越多的女性开始追求职业发展,希望在事业和家庭之间找到平衡,这不仅影响了她们的生育时间和生育数量,也改变了她们对育儿责任和角色的看法。最后,社会文化环境也会对女性的生育观念产生影响。在一些社会中,生育被视为女性的重要职责和社会价值的体现,而在其他社会中,女性可能会受到鼓励去追求教育和职业发展,而非仅仅被期待成为母亲。这些社会文化因素会通过塑造女性的价值观和信念,间接影响她们的生育意愿和行为。

　　总的来说,女性生育观念是一个多元化、复杂的概念,它涉及女性的个人愿望、社会角色以及社会文化环境等多个因素。理解并尊重女性的生育观念,对于推动性别平等、提高生育率及促进社会经济发展都具有重要的意义。根据以往的人口数据,我国育龄人群的理想子女数也呈现出明显的下降趋势,20世纪80年代的理想子女数为2.13,进入21世纪后逐步下降至1.67[①]。期望子女数代表个人或家庭在考虑到各种现实限制因素后的理想生育数量,因此它比较接近实际生育的子女数。然而,期望子女数并不完全等同于实际的生育结果。这是因为期望子女数会受到社会经济环境的影响,例如经济状况、教育水平、社会政策等。同时,它也会受到个人发展和家庭条件的限制,例如个人职业发展、健康状况、家庭财务状况等。计划子女数是指个人在深度考虑自身和家庭的实际情况后设定的生育目标,其中包括了对家庭经济状况、个人健康、时间投入等诸多现实因素的考虑。因此,计划子女数与实际生育子女数的接近程度会更高。换句话说,期望子女数可以看作是在理想和现实之间达成的一种妥协,它反映了个人或家庭对于理想和现实限制的权衡。而计划子女数则更加注重现实,它是基于个人或家庭的真实状况来设定的生育目标,因此更接近于实际的生育结果。[②]女性生育观念的重要性在于:现代社会中,许多女性更倾向于推迟生育,追求

---

① 王猛,梁闻焰,黄妍妮.女性生育意愿及其实现:基于互联网问卷调查数据的实证研究[J].华中科技大学学报(社会科学版),2017,31(4):110-118.

② 陈宇,邓昌荣.中国妇女生育意愿影响因素分析[J].中国人口科学,2007(6):75-81.

教育、事业和个人发展，这导致女性晚婚晚育，延缓了她们生育的时间。延迟生育会导致生育率下降，从而对少子化起到推动作用。女性对家庭规划的重视也影响着生育率。经济压力、职业发展和工作场所的挑战使得许多女性在决定生育时更加谨慎。女性希望能够稳定就业、确保经济独立和家庭负担得到分担，这对生育率产生了影响。女性受教育水平的提高和对职业机会的追求也对生育决策产生了影响。女性在教育和职业方面的投资使得她们更加注重个人发展和自我实现，这可能会让她们降低生育意愿。女性对性教育和避孕措施的了解程度也会影响生育率。当女性具备知识和能力可以有效地规划生育时，她们可以更好地控制自己的生育意愿，从而减少无意怀孕的风险。此外，女性的生育观念直接影响着人口的数量和结构。

女性的生育决策不仅对人口的生育率和年龄结构有重大影响，进而也会对社会经济进步、劳动力供应、退休保障和教育需求等具有深远影响。在女性权利和性别平等方面，女性的生育观念是她们的权益的关键要素。女性应有权利决定是否生育、何时生育和生育多少个孩子，这些决策将影响她们的教育机会、职业道路、经济状况和健康状况等。在家庭和社会角色方面，女性的生育观念与她们在家庭和社会中的角色紧密相连。她们的生育观念将决定她们在家庭中的角色定位、育儿责任的分担以及在职业和家庭之间的平衡状况。这也会对家庭关系、家庭功能和社区支持网络产生影响。在健康和福利方面，女性的生育观念与她们的身心健康紧密相连。健康的生育观念可以帮助女性做出有利于健康的生育决策，减少决策可能带来的心理压力和负面影响。在社会变革和文化传承方面，女性的生育观念是社会和文化变迁的反映。在不同的时间和地点，女性生育观念受到社会、经济、文化等多种因素的影响。通过研究和理解女性的生育观念,我们可以更好地理解社会发展的趋势和变化。对女性生育观念的研究和理解可以帮助我们深入了解女性的决策过程、社会影响因素。这为制定相关的政策和干预措施提供了理论和实践依据。

▶第三节　高龄社会对女性生育观念的影响

高龄社会对女性的生育观念产生了深远的影响。在高龄社会中民众的生育意愿普遍下降。关于生育意愿的概念，学界目前形成了比较一致的观点，即认为生育意愿是个人在考虑个人、家庭偏好和各类限制条件后的生育愿望表达，包含期望生育的时间、每胎的间隔时长、生育数量、子女的性别四个维度。在调查在校研究生的生育意愿时，研究者更加关注的是"是否愿意生育"的态度倾向。[①]这或许是考虑到大多女性研究生距离生育实践仍有一定时间，所以更应关注她们此时对生育行为的态度倾向。因此，本书所指的生育意愿，更加关注对生育行为的态度倾向。

除了一般性的普查研究，学者们在研究生育意愿时，主要关注了影响其的各种因素，如人口特征、经济因素、文化理念和家庭因素等。在人口特征方面，性别、年龄、教育程度、户籍和婚恋状况等都与生育意愿有显著关联。一般来说，年龄和教育程度与生育意愿呈负相关，农村户籍的人群比城市户籍的更倾向于生育，已婚人群的生育意愿也往往超

① 周国红,何雨璐,杨均中."生育主力"缘何有名无实?:基于743份城市青年生育意愿的问卷调查分析[J].浙江社会科学,2021(5):77-86,157-158.

过未婚人群的。

经济因素被广泛认为是影响生育意愿的关键因素,其中包括收入水平、房价和职业状况等。一般来说,家庭收入越高的人群的生育意愿越强烈,但也有学者提出收入和生育意愿的关系并非线性,而是呈倒 U 形。然而,女性在生育过程中面临的社会文化风险并未得到广泛的关注。除了职业发展、家庭经济状况、家庭关系和心理压力等风险,生育还会给母体带来身体的改变和伤害,这种风险可以分为功能和形态两个方面。这方面的研究关注孕期和产后身体如何被构建为"异常"的身体,认为孕产期女性的各种身体不适暗含深层的社会权力问题。如对坐月子的强调,各种行为禁忌暗示产后女性身体的虚弱和可能的后遗症。一些学者认为国家权力和医疗话语限制了个人对分娩方式的选择,也深深影响了女性对分娩疼痛的态度。在形态变化方面,生育必然会带来身体的改变。传统观念认为,女性应默认并接受这种改变。然而,女性对此的真实感受在学术研究中并未得到足够的重视。研究发现,怀孕女性往往难以接受孕期的身材变化,"苗条"和"美丽"的社会形象要求在怀孕过程中也给她们带来了压力。这是因为怀孕破坏了女性坚守标准苗条身材的可能,从而给女性带来了心理负担。研究发现,身体形象的改变已经成为孕妇最大的压力源之一,这也可能导致孕妇患上抑郁症。

鉴于生育风险在不同维度上的概念内容差异较大,本书讨论的生育风险主要指生育行为给女性个体带来的微观风险。同时,本研究主要关注的是,个体的自我客体化特性在社交媒体使用中是如何影响个体的生育观念的。

在高龄社会中,女性晚婚、晚育的现象日益明显。在求学、职业发展以及面对经济压力的挑战等多重因素的影响下,女性对于生育的热忱普遍降低。她们越发倾向于延后生育、减少生育的次数,甚至选择不生育。在高龄社会中,女性普遍推迟生育的时机,更专注于追求教育和事业上的提升,希望在确保自己生活稳定和人生体验丰富后,再去考虑生育的问题。这也导致了首次结婚的年龄提升和生育年龄后延。

在高龄社会中,女性普遍认为子女数量应该减少。这主要是因为高龄生育会带来更多的健康风险和生理挑战。"孕妇的痛苦,临盆的危险,哺乳的麻烦,自是无法掩饰的事"①,这是费孝通提到的女性在生育过程中需要面对的情况。女性在怀孕过程中需要承受的身体不适以及产后需要的恢复时间,都是影响生育意愿的因素。纪录片《生门》揭示了女性面临的生育困境。例如:某产妇的胎儿在腹中死亡,她本身又贫血,手术风险巨大,甚至可能需要切除子宫;某产妇在剖宫产过程中出现大出血,心脏停止跳动2次,最后为了保命不得不切除子宫;甚至连妇产科医生也无法忍受顺产的疼痛,最终选择剖宫产。除此之外,女性在生产后的身体变化也是影响生育意愿的因素。许多女性会因为生产后身体臃肿、松弛,与生育前的身材形成鲜明对比,从而产生身材焦虑,严重时甚至可能出现产后抑郁。

在高龄社会中,女性的家庭角色也在发生变化,她们更加重视职业发展和个人独立性,追求家庭和职业生活的平衡。生育观念的改变导致了家庭角色的重新定义和家庭责任的重新分配。社会支持和福利政策对于女性的生育观念产生了重要的影响。适当的支持和政策措施可以帮助女性兼顾家庭和职业发展,减轻生育和育儿的压力。政府可以

---

① 费孝通.生育制度[M].上海:华东师范大学出版社,2019:44.

通过提供更长的产假、育儿假,提供优质的幼儿教育和托育服务以及经济补贴等方式,来支持女性生育和抚养子女。然而,现实中,许多国家和地区的福利政策并未充分考虑到女性的需求,导致女性在家庭和职业之间过于拉扯,最终影响了其生育意愿。例如,日本的女性晚婚、晚育现象就与其社会福利政策有关。在日本,虽然政府提供了一些支持生育的政策,如提供一定的生育津贴、提供长达一年的产假等,但这些政策并未能有效鼓励女性生育。由于工作压力大、工作时间长,同时又缺乏足够的托育设施和服务,很多日本女性选择晚婚、晚育,或者干脆不生。[①]

　　对于女性晚婚、晚育的现象,社会应当有更全面的认识和解读,并从多角度出发,提供更多的支持和帮助。这不仅包括政策层面的改革,如提供更人性化的生育和育儿政策,提供更优质的托育服务,还需要改变社会对女性的期待和压力,让女性可以在追求个人发展和完成家庭责任之间找到更好的平衡。总之,高龄社会对女性的生育观念产生了显著影响。女性更加注重个人发展和家庭质量,推迟生育时机、减少子女数量并寻求家庭与职业生活的平衡。为了适应高龄社会的挑战,我们需要制定相应的政策和措施,建立积极生育支持政策体系,提供支持和福利保障,实现家庭与社会的平衡和可持续发展。

---

① 福田慎一.人口減少がマクロ経済成長に与える影響:経済成長理論からの視点—[J].経済分析,2017,196:10-12.

第二章　社会文化因素对女性生育观念的影响

▶第一节 家庭观念与女性生育观念

家庭观念在很大程度上会塑造女性的生育观念。比如，一些国际学者对欧洲的生育率下滑趋势进行了深入研究，他们发现在同样的社会经济环境下，由于不同的社会文化背景，生育率的差异显著。这提示我们需要从社会文化观念的视角去分析和理解人们的生育愿望及其生育行为。还有学者提出，一些可行的避孕方法降低了人们的生育动机，从而达到了减少生育的效果。换句话说，家庭观念对女性的生育观念有着深远的影响。在国内对生育观念的产生基础的有关研究中，也有学者提出，生育观念是制度的表现形式之一。

一、中国的家庭观念

原生家庭指的是个体在出生后直至成人的这一阶段，所生活、被抚养的那个家庭。这个家庭是个体情感经验学习的最初场所，也是家庭功能理论研究的主要对象。在个体的生活中，原生家庭的影响深远并且持久。例如，研究发现，通过观察父母在原生家庭中如何养育孩子以及如何与孩子相处，可以预测个体成年期怀孕后3个月至生子9个月之间的婚姻状态。特别是，妻子的原生家庭经验对婚姻体验的影响更为显著。这表明,原生家庭对子女的社会情感功能的影响不仅存在于个体的恋爱关系中,还存在于已婚人士当中,由此可见原生家庭对个体的影响是长期而深远的。

我国现有的家庭结构研究表明,家庭结构、父母的性格、家庭内部的沟通模式、教养方式等因素,都会深刻影响子女的性格塑造、价值观形成,甚至会进一步影响子女的亲密关系、心理问题、婚姻关系的发展等。这些因素在心理与物质层面上对子女的发展与成长起到重要作用。个体的行为模式并非孤立存在的,家庭作为一个系统整体,其内部的相互作用和相互影响会对家庭内部个体产生重要影响。原生家庭中父母与子女的相处模式,会对家庭中子辈一代的观念和行为产生潜移默化的影响。

总的来说,无论是家庭结构、父母的性格、家庭内部的沟通模式、教养方式,还是社会的政策环境,都会对个体的发展和成长产生深远影响。这些因素在不同层面和角度上塑造了个体的性格、社会情感功能以及生育观念。这些影响不仅在个体的恋爱和婚姻关系中得以体现,更在个体的整个生活过程中持续存在。因此,研究家庭观念和生育观念时,需要深入理解和考察这些影响因素,以期更好地理解和指导社会发展。的确,观念的深度植根使新政策的接受度不如预期。这一现象我们需要更深入地研究和理解观念的变迁和影响。因此,需要有配套政策来引导新一代家庭群体实现生育观念的转变。

目前中国社会也逐渐步入多元化阶段。在这样的社会环境下,西方的各种思潮如现代主义、后现代主义对中国的传统观念、文化习俗进行了解构,使得后者的约束力在逐渐减弱。因此,中国现代女性的生育观念也在这种影响下出现了多元化的趋势。

第二章　社会文化因素对女性生育观念的影响

　　首先,传统的生育观念依然影响着女性的生育选择。一方面,在农村地区,由于农业生产的需要,传统的生育观念仍具有一定的影响力。但这与古代以传宗接代为目的的生育观念有所不同。现代的生育观念更看重的是小家庭的延续,而不再是大家族的延续。并且,现代的生育观念已经承认了女性的继承地位。在传统观念中被视为低贱的"招赘"行为在现代得到了法律的保护和民间的认可,"传宗接代"不再仅限于男性,女性也能延续家族。另一方面,城市地区的生育观念更多地考虑了个人的精神满足。感情因素在生育观念中占据着越来越重要的位置。我们可以看到,生育观念的变化是一个复杂的社会现象,它受到历史、文化、风俗等多种因素的影响。因此,需要从多个角度对其进行深入探讨,才能理解它。

　　社会经济的发展和社会保障制度的日益完善,使得中国女性的生育行为和观念在过去几十年中发生了显著变化。然而,尽管女性的社会地位得到了显著提升,但在家庭生活中,她们仍然面临着一些困境,如生育压力等,这种现象反映了性别不平等的深层社会现实。尽管女性在家庭和社会中的地位已经有了很大提高,然而她们在家庭中的角色仍然倾向于传统的生育和家庭管理,这种现象反映出了社会生产力发展水平的制约,以及性别分工和传统男权结构的影响。尽管如此,现代中国女性的生育观念正在发生改变,这种改变反映了时代的特征。她们开始接受晚婚晚育、少生优育、男女平等的科学生育观念。这种变化得益于科技进步,人们能够获取更多关于性科学和生殖健康的知识,从而拥有了更多的选择权和调控权。然而,由于城乡差距和地区发展不平衡,以及宗族文化的复兴,传统的生育观念仍然在某些地区占据主导地位。尤其是在一些农村地区,传统的"多生多育"观念仍然深入人心。

随着城市化进程的加速,人们的教育水平和年龄结构的变化,以及人口流动性的增强,传统的生育观念正在发生深刻的变化,特别是在城市地区和较年轻、受教育程度较高的群体中,传统的生育观念正在逐步被科学的生育观念所取代。

总的来看,中国女性的生育观念正在发生深刻的变化,这种变化不仅反映了社会经济的发展和科技的进步,也反映了性别平等观念的提升和社会保障制度的完善。然而,传统的生育观念仍然存在,这需要我们进行深入的研究,以便更好地推动性别平等和社会进步。

当前,中国面临的主要生育问题有三个方面:生育率偏低、性别偏好严重以及生育伦理问题频发。长期以来,这些问题并未得到足够的重视。许多人认为,只需坚持现行的生育政策,并尽快实现人口零增长,就能解决中国目前的资源短缺问题。他们认为,只要经济持续发展,人口问题随着资源人均占有量的增加,自然会得到解决。但这种观念忽视了生育观念在人口生成过程中的关键作用,也未能认识到未来可能出现的人口负增长和人口结构失衡对国家和社会的挑战和威胁。首先,生育率的低迷是由多种因素引起的。一方面,随着经济的发展和社会的进步,女性的社会地位提高了,她们的教育水平和就业率也提升了。这使得许多女性延迟生育,以便在职场上取得更大的成就。另一方面,生活成本的增加,尤其是教育和医疗等成本的增加,使得许多家庭选择少生或不生。这些因素导致了生育率的下降,从而导致人口负增长和人口老龄化,给社会和经济发展带来了挑战。其次,性别偏好严重的问题仍然存在。尽管性别平等的观念正在逐渐普及,但在一些地区仍存在男性优先的观念。这种性别偏好不仅导致了性别比例失衡,也对女性的权益构成了威胁。最后,生育伦理问题频发也是一个严重的问题。随着科技的发展,如试管婴儿、遗传筛查等生殖技术的出现,生育伦理问题越来越突出。例如,一些家庭可能选择使用这些技术来选择孩子的性别,这就可能加剧性别比例的失衡。

以上这些问题都需要我们深入研究和分析,以找到合理的解决办法。我们应当倡导科学的生育观念,提高女性的社会地位,提供更多的生育和育儿支持,同时也需要加强生育伦理教育和监管。只有这样,我们才能在满足个人和家庭的生育意愿的同时,保障社会的稳定和发展,应对未来可能的人口挑战。在现代社会,科技的飞速发展和婚姻家庭生态的转变使得传统的自然生育模式和家庭结构面临着重大变革。生育伦理问题已经成为我们无法回避的重要议题。在这个大背景下,一个值得深思的现象是很多人选择不生育。

虽然在当代中国,生育至少一个孩子仍然是大多数人的主流意愿,但我们不应忽视选择不生育人群数量的逐渐增加。从"多生早生"到"少生晚生"再到"不生育",这种转变反映了在多元化背景下,人们对生育的不同选择。马克思主义认为,在原始社会,生产工具和产品是全体部落成员共有的。在群婚制和外族婚制的环境下,人们对子女的归属意识较弱,私有观念并未形成。①然而,随着社会的转变和私有制的出现,婚姻形式也转变为一夫一妻制,男权制和生产资料私有制也在此时期出现。女性成为男性的附庸及合法的生育工具,子女也随之成为家庭的私有财产。也就是说,生儿育女、延续后代正是早期家庭的基本功能。在现代社会,人们对婚姻和家庭的看法正在发生转变。越来越多

---

① 马克思,恩格斯.马克思恩格斯文集:第1卷[M].北京:人民出版社,2009:532.

的人开始理解,建立一个家庭是为了满足人们的心理需求,如与所爱的人共享生活的快乐与幸福。然而,对于一些现代女性来说,虽然她们渴望一段美满的婚姻,但并不愿以牺牲职业发展为代价。在传统观念中,孩子被视为家庭的纽带,可以增强夫妻之间的感情。然而,一些女性认为生育会对她们的职业发展产生负面影响。她们不希望经历妊娠期的疲惫和分娩的风险,也不愿投入大量的时间和精力在抚养子女上。这些因素促使一些女性选择了不生育。

从伦理角度来看,不生育的女性主张追求自我实现、自由和舒适的生活。她们认为,无论是单身还是已婚,她们都是独立的个体,生育可能会限制她们追求个人生活的自由。人们是具有实际行动能力的个体,他们的行动受到物质条件的制约。人既是一个独立的个体,也是社会的一部分。这种双重身份意味着,在行使生育权利时,个人也应该考虑到对社会的责任。如何在自我与社会、自由与责任、个人与群体之间找到平衡,是一个值得深思的社会伦理问题。

"贤妻良母"一词在中国社会中曾被广泛用来评价女性的价值。尽管这个词的含义在历史变迁中发生了变化,但总体上它强调了女性应该承担家务劳动的责任。新中国成立后,"妇女能顶半边天"的口号鼓励女性提升自己在家庭和社会中的地位。然而,在女性积极参与社会工作的同时,家庭劳动的主要负担仍然落在她们的肩上。在中国,尽管女性的社会地位得到了提升,但在家庭中,她们的地位并没有得到同等的提升。这导致许多中国女性在家庭和工作之间找不到平衡,不得不牺牲自己的职业发展以维护家庭的利益。在这种情况下,许多女性选择了成为传统意义上的"贤妻良母",以此换取社会对她们的认可和赞美。家庭观念和女性生育观念之间的关系可以从多个方面进行理解。

家庭责任的观念可能使女性将生育视为一种履行家庭义务的方式。对于这些女性来说,生育并承担起抚养子女的责任是一种实现家庭责任的方式。

传统的家庭角色期望也可能影响女性的生育观念。在这种情况下,女性可能会更倾向于生育,因为她们认为这是实现自身角色和身份认同的一种方式。例如,一些女性可能认为,作为母亲和家庭的照顾者是她们的角色和身份的一部分。家庭观念中的家庭支持和亲密关系也可能对女性的生育观念产生影响。在一个强调家庭支持和亲密关系的环境中,女性可能更有信心和动力去生育,因为她们知道自己会得到家人的支持和帮助。此外,家庭优先的价值观也可能影响女性的生育观念。在这种价值观中,女性可能会更倾向于生育,因为她们认为这是实现家庭幸福和满足的一种方式。然而,随着社会的变迁和个人价值观的多样化,现代社会中的家庭观念也在发生变化。越来越多的女性开始追求个人发展、职业成功和自主选择权。因此,每个人的家庭观念可能因其个人经历、文化背景和社会环境而有所不同。我们需要尊重每个人的选择和权利,包括女性的生育选择。女性应能够自主决定自己的生育选择,包括是否要生育、何时生育以及生育的数量。社会应该提供必要的支持和资源,以帮助女性在个人和家庭之间实现平衡,并实现她们的生育意愿。

现代职场女性定义成功的标准是什么?职业女性"向前一步"面临哪些障碍和挑战?什么样的政策和环境能够满足职场妈妈的需求?《2019女性、职业与幸福感报告:中国职场女性"向前一步"的挑战》显示,随着女性意识的觉醒、女性职场机遇的拓展,现代职场女性的发展潜力与前景得到了广泛关注,从整体来看,中国女性已开启追求幸福和成功的"自定义"模式。尽管获得感、幸福感、安全感已经得到大幅提升,但工作和家庭的平衡仍是女性在职场晋升时需要面对的难题。要破解这一难题,不仅需要女性有个人"自定义"的愿望和能力,更需要家庭和社会的持续关注与支持。不管是全职妈妈还是职场妈妈、单身妈妈,或者是单身女士,每个人都有自己幸福和成功的模式,每个人都有不同的路。

二、日本的家庭观念

(一)过度负责的育儿观

在日本,被称为"过度负责"的父母对子女的养育态度具有深远的影响。这样的观念不仅在决定是否生育时起作用,而且在子女的恋爱和婚姻阶段也起着重要的作用。这种"过度负责"主要表现为父母希望为子女提供比自己更好的生活环境,让他们能够过上优越的生活。换句话说,父母希望他们的子女能够获得他们自己无法获得的东西。这种观念源于日本独特的家族观念和社会价值观,强调人们应该致力于提高下一代的生活质量。这种观念在决定是否生育时起着关键作用。如果父母认为他们无法为子女提供理想的生活环境,他们可能会选择不生育。这可能是导致日本低生育率的一个原因。在日本,高昂的生活成本和巨大的工作压力可能让许多年轻人觉得他们无法提供一个良好的环境来抚养孩子。在子女的恋爱阶段,"过度负责"的父母可能会对子女的恋爱对象进行严格的评估,以确定对方是否有能力提供良好的生活条件。这可能包括对子女的恋爱对象的经济能力、职业前景甚至家族背景的评估。这种过度的责任感使得许多年轻人在选择伴侣时变得非常谨慎。他们可能会花费大量的时间和精力来评估恋爱对象的"资格",这可能导致他们推迟或避免结婚。这种现象在日本的结婚率和生育率数据中得到了体现。①然而,这种"过度负责"的养育态度并不是没有问题的。首先,它可能会给子女和父母之间的关系带来压力。子女可能会觉得他们必须满足父母的高期待,而父母可能会因为对子女的过度关注而感到压力。此外,这种态度可能会导致子女对自己的能力和价值产生误解,他们可能会认为他们的价值取决于他们能否达到父母的期待。其次,这种"过度负责"可能会阻碍子女的个人发展。子女可能会过度依赖父母,缺乏独立思考和决策的能力。他们可能会过分关注满足父母的期待,而忽视了自己的兴趣和需求。再次,这种"过度负责"可能会对社会产生负面影响。它可能会加剧社会的不平等,因为只有那些具有足够资源的家庭才能提供"理想"的生活环境。最后,它可能会导致人口结构问题,因为越来越多的年轻人选择推迟或避免结婚和生育。

(二)回避风险的价值观

日本社会强调避免风险,这种价值观在许多方面都体现得淋漓尽致,包括人们对婚姻和生育的态度。在这个高度组织化和规范化的社会中,许多年轻人在面临要做出结婚和生育的决策时,如果没有足够的把握能够实现理想的生活,就不愿意冒险。日本的教育系统注重规范性和一致性,学生从小就被教育要遵守规则,避免犯错误。这种教育方

---

① 大淵寛,兼清弘之.少子化の社会経済学[M].東京:原書房,2005:89.

式培养了一种风险回避的思维方式,人们害怕失败,害怕承担不必要的风险。这种文化观念在人们的生活的各个方面都有所体现,包括他们的生育决策。在日本,恋爱、婚姻、生育、育儿被看作是人生设计中不可或缺的环节。许多年轻人认为,如果没有足够的资源和准备,就无法成功地完成这些任务。①因此,许多人选择等到自己有足够的财力、稳定的工作和充足的时间后再考虑结婚和生育。这种现象在日本的生育率数据中得到了体现:日本的生育率已经连续多年低于更替水平。对于高学历、高收入的女性来说,这种风险回避的态度可能更为明显。她们通常拥有独立的经济能力和良好的社会地位,对婚姻的期待效用相对较低。她们可能更担心结婚生子会带来的风险,如收入减少、生活质量降低等。她们可能将婚姻和生育看作是降低她们的生活质量和独立性的风险,因此选择推迟或避免做出这些决策。这种现象在日本女性的初婚年龄和生育率数据中得到了体现:2023年日本女性的平均初婚年龄已经达到了29.7岁,而且许多女性选择不生育。对于已婚女性,她们可能也会因为担心经济压力增大、精力不足等,选择减少生育或者不生育。在日本,育儿成本高昂,同时,许多女性担心生孩子会影响她们的职业发展,因为她们可能需要在一段时间内离开工作岗位,照顾新生儿。这些都是日本女性在生育问题上需要考虑的风险。总的来说,日本社会的风险回避价值观对人们的婚姻和生育决策产生了重大影响。这种价值观强化了人们对未知和不确定性的恐惧,使人们在面临重大决策时更愿意选择安全和稳定,而不是冒险和变动。这种心态不仅影

---

① 福田慎一.人口減少がマクロ経済成長に与える影響—経済成長理論からの視点—[J].経済分析,2017,196:35-37.

响了日本的生育率,也对日本的社会结构和未来发展产生了不可估量的影响。

(三)体面的婚育观

日本人重视他人的评价,不希望自己成为社会的"异类"。他们希望自己能够过上和别人一样的生活,不能让周围的人看不起自己。这种对"体面"生活的追求影响了他们的婚姻和生育决策。在日本,有一种"一亿总中流"(或称"一亿总中产")①的观念。这是20世纪60年代在日本出现的一种国民意识,在20世纪70年代和80年代尤为凸显。也就是在终身雇佣制下,90%左右的日本国民都自认为是中产阶层。当今日本社会中,绝大多数人都还认为自己是中产阶层。大家都在努力避免出现和别人不一样的婚姻生活、子女养育方式以及老年生活方式,回避脱离中产生活的风险,即产生了若无法过上中产生活就会感觉"羞耻"的观念。这是一种共同的国民意识,他们追求的是"和别人差不多"的生活。如果不能达到这种生活水平,他们会感到羞耻,认为自己的处境悲惨。这种观念导致了许多年轻人对婚姻和生育犹豫不决。

如果结婚会使他们的生活状况劣于周围的人,他们会选择延迟结婚或者不结婚。如果他们不能通过结婚生子来提高自己的社会地位,他们也会选择不结婚。这种追求"体面"生活的观念不仅导致了许多年轻人对婚姻犹豫不决,而且也使得许多已婚夫妇选择了减少生育或者不生育。他们希望通过降低生育率来保持自己的生活质量,避免落后于社会中的其他人。在这3个方面的影响下,日本的生育率持续低迷,

---

① 大淵寛,兼清弘之.少子化の社会経済学[M].東京:原書房,2005:63.

形成了一个很难打破的恶性循环。解决这个问题需要从社会价值观、教育政策、婚姻制度等多个角度进行全面改革。

三、婚外生育现象被逐渐接受

婚外生育在一些国家已经成为生育模式的重要部分,尤其在某些欧洲国家。然而,对于中国和日本这样深受儒家文化影响的国家,婚外生育的比例非常低。在一般情况下,生育模式是随着社会经济结构和价值观的变化而变化的。过去,由于社会经济条件的限制,人们通常会在结婚后生育。然而,随着社会经济条件的改善和价值观的转变,婚外生育在某些社会中逐渐被接受。不过在中国和日本,婚外生育的接受度仍然非常低。这主要是由于儒家文化强调家庭和婚姻的重要性,认为婚姻是生育的前提和基础。在这样的文化背景下,婚外生育被视为对婚姻和家庭的挑战,因此被社会舆论所唾弃和歧视。这种文化观念的影响力不仅在于社会舆论的压力,还在于它塑造了人们的价值观和行为模式。在这样的文化环境中,人们在面临婚外生育的选择时,不仅要考虑到社会舆论的压力,还要考虑到自己的价值观和行为模式。人们可能会觉得,婚外生育不符合他们对婚姻和家庭的理解,因此选择避免这种生育模式。

中国和日本的社会政策也对婚外生育的比例产生了影响。在这两个国家,政府的政策往往倾向于维护传统的婚姻和家庭结构。如日本政府的政策仍然主要集中在提高婚内生育率,而很少鼓励和支持婚外生育。这种政策取向反映了日本社会对婚姻和家庭的重视,同时也反映了日本社会对婚外生育的抵触。

第二章　社会文化因素对女性生育观念的影响

北美洲和大洋洲的发达国家经历了婚外生育比例的快速提升,如:美国婚外生育比例在 2008 年已达到 40.6%;加拿大婚外生育比例相对较低,但在 2009 年也达到了 29%;澳大利亚婚外生育比例攀升得非常快,从 1970 年的 8.3% 升至 2010 年的 56.3%;新西兰婚外生育的比例则从 1970 年的 13.3% 升至 2011 年的 46.3%。①有日本学者根据生育水平将发达国家分为"缓少子化"国家和"超少子化"国家两大类。研究发现,"缓少子化"国家非婚同居和婚外生育的比例很高,因此虽然其生育水平也早已降至更替水平以下,但还不至于跌入"低生育率陷阱"。②但"超少子化"国家由于非婚同居和婚外生育的比例过低,生育水平都下降到了极低水平。在欧洲和北美的许多国家,未婚同居已经成为一种重要的生育和养育子女的方式。这种未婚同居的模式已经逐渐独立于婚姻,形成了一种新的生育模式和家庭生活方式。

这种新的生育模式和家庭生活方式的出现,与欧洲和北美的社会经济条件和价值观的变化密切相关。随着社会经济条件的改善,人们对生活方式的选择更加多样化,未婚同居成为一种可接受的生活方式。同时,随着价值观的转变,人们对婚姻和家庭的理解也在发生变化,未婚同居和婚外生育不再被视为非正统的家庭生活方式和生育模式。在这个过程中,婚外生育的发展趋势与未婚同居的发展趋势是一致的。在未婚同居率高的国家,婚外生育率通常也会比较高。这是因为未婚同居为婚外生育提供了条件,使得未婚同居和婚外生育成为一种相互

---

① 佐藤龍三郎.日本の「超少子化」その原因と政策対応をめぐって[J].人口問題研究,2008(6):10-24.

② 津谷典子.少子化の社会経済的要因:国際比較の視点から[J].学術向,2004(9):14-18.

促进的关系。因此,欧洲和北美的许多国家在未婚同居率稳步上升的同时,也出现了大量的未婚同居生育或婚前生育的现象。这些现象反映了未婚同居和婚外生育在这些社会中的普遍接受度。然而,未婚同居和婚外生育的普遍接受度并不意味着这些生育和家庭生活方式没有问题。在未婚同居和婚外生育的情况下,子女的抚养权、财产分配、遗产继承等问题可能更加复杂。同时,在未婚同居和婚外生育的情况下,父母的关系可能更加不稳定,这也可能对子女的成长产生影响。

为了解决这些问题,政府和社会需要采取相应的政策措施,以保护未婚同居和婚外生育家庭的权益,保障子女的健康成长。不同于西欧、北美个人主义的文化传统,日本有着较强的家族主义文化传统,因此日本社会不具备支持非婚同居的文化背景。①

在欧美的许多国家,父母对子女的责任通常在子女成年时结束,随后子女就需要开始独立生活,这是他们社会中的一种常见现象。然而在亚洲的一些国家,例如中国和日本,这种观念就完全不同。在这些地方,子女通常会在婚前一直和父母住在一起,这被视为理所当然的事情,这是由他们的文化和社会观念所决定的。

在日本,有很多未婚人士和他们的父母住在一起,即使他们的收入低,也能因为父母的供养而享受到较为舒适的生活。在这样的环境下,年轻人的自立精神可能会变得相对薄弱,特别是年轻女性可能更倾向于继续和父母生活在一起,而不愿选择独居。然而,这种文化观念并不仅仅影响了年轻人的生活方式选择,还影响了这些国家的社会结构和

---

① 古德蒙·赫内斯.中国正在进行全世界最大的社会试验[J].领导文萃,2011
　（4）:111-114.

发展趋势。例如,日本的晚婚化、非婚化和少子化现象的发展速度令人震惊,而这些现象的发展与年轻人选择与父母共同生活的文化观念有着直接的关系。由于年轻人能够依赖父母享受到舒适的生活,他们可能会比欧美国家的年轻人更晚或者更不愿意步入婚姻。更重要的是,这种情况并不仅仅只在日本出现,中国和其他一些东亚国家也有类似的情况。在这些国家中,年轻人往往会选择与父母共同生活,直到他们结婚或者有能力自己独立生活。这种文化观念的影响使得这些国家的社会结构和发展趋势与欧美国家有着显著的不同。

这种文化观念的差异对于不同地区的年轻人的生活方式和社会发展趋势产生了不同的影响。在某些地方,年轻人在成年后迅速独立,开始自己的生活,而在其他地方,年轻人可能会选择在婚前一直与父母共同生活。这些不同的选择,不仅反映了各地文化观念的差异,也对各地的社会结构等产生了深远的影响。

▶第二节　教育与女性生育观念

从18世纪的妇女解放运动开始，人们就已经认识到教育对女性的重要性，并开始为女性的教育权利进行斗争。当时像玛丽·沃斯通克拉夫特这样的思想家已经意识到，教育，特别是批判性思维的培养，是改变和重塑社会的最有力的工具。他们认为，教育的缺失使女性无法从各种事物中抽象出普遍性的原理，也无法批判性地分析自己的生存状况。他们还认为，批判性思维能帮助人们看穿各种欺骗，女性接受从属地位往往是因为被欺骗。

自由主义女性主义者斯坦顿主张，女性首先是个人，然后才是女儿、姐妹、妻子和母亲。因为女性的基本状态与所有人一样是孤立的，所以她们需要同等的机会和政府的保护，以便规划自己的生活。斯坦顿主张给予女性接受高等教育的机会，让女性的潜能得到发挥，让女性完全从束缚、习惯、依赖、迷信和各种不真实的恐惧中解放出来。这是因为女性的生命具有独立性和人的责任。德国著名教育学家福禄贝尔曾经说过，国民的命运与其说是操在掌权者的手中，倒不如说掌握在母亲的手中。我们必须启发母亲——人类的教育者。母亲是孩子的第一任教师，对孩子的影响深远且持久，在孩子的成长和教育中起着关键的作用。因此，女性人力资本投资对提高国民的整体素质极为关键。女性的素质直接影响到一个国家、一个民族的文明程度。

在现代经济增长理论中,教育是人力资本积累的关键,是推动收入分配公平的重要因素。卢卡斯认为,教育不仅提高了个人的生产力,还具有外溢效应。这种外溢效应提高了生产要素的质量,改善了经济活动的社会环境,从而提高了经济活动的效率,加快了经济增长的速度。理论上讲,高等教育会通过几种关键方式影响女性的首次生育年龄。首先,我们看到的是禁闭效应。尽管我国的大学不再禁止在校生结婚生育,但育儿对大学生来说仍然是一项重大的经济责任,加上社会观念的影响,使得接受高等教育的女性在客观上会推迟生育。其次,高等教育可能会增强女性关于避孕知识的储量和搜索能力,从而让她们能更好地控制怀孕的时间。最后,高等教育可能会通过"延迟生育的工资补偿机制"影响女性的生育决定。这种机制是指,女性可以通过推迟生育来提高她们整个职业生涯的收入。对女性来说,生育的成本不仅包括孕期和产后离职所带来的直接收入损失,还包括离职导致的人力资本损失对其后期职业收入的影响。通常,受过高等教育的女性会面临更陡峭的职业生涯收入曲线,因此,她们可能会通过延迟生育以便在职业发展中获得更高的回报。

还有一些观点认为,受过高等教育的女性可能会通过婚姻匹配的收入乘数效应,在经济条件允许的情况下提前生育。这种效应是指通过同质性婚姻匹配或向上的婚姻匹配,受过高等教育的女性通常能够找到收入更高的配偶。然而,这种婚姻匹配的收入乘数效应可能会被女性追求自身职业发展而推迟生育所大大削弱。从纯理论角度看,受过高等教育可能会明显延后女性的首次生育年龄。

一、国外有关教育对生育影响研究

自20世纪70年代以来,大量的经验研究揭示了女性在劳动力市场中的弱势地位与其相对较低的教育程度之间的紧密关系。教育程度在性别间的竞争中起着决定性的作用,影响着资源的获取和社会地位的分配。因此,提高女性的教育程度会增强她们在公共领域的竞争力,这将有助于改变现有的性别关系,并有可能逐步减少男性主导的现象。增加教育投资通常被视为促进经济增长的重要战略。当考虑经济增长时,教育投入被视为一个重要的动力。在低收入国家,教育投入对增加收入的重要性的证据主要是一些关于男性受教育的回报的数据。在这些国家,由于女性的社会地位较低,而且在正规的劳动力市场的参与率较低,所以关于女性受教育对收入贡献的信息并不容易获得。然而,为了实现经济发展和减少贫困,政策制定者通常强调投资女性教育的重要性。女性受教育的重要性不仅仅体现在她们个人的收入增长上,还体现在对家庭的影响,特别是对其子女的人力资本积累的影响上。受过教育的女性更倾向于把教育的价值观传递给下一代,从而对整个社区的经济发展产生积极影响。

此外,女性教育投资也会对健康和社会福利产生影响。受过教育的女性更可能了解和利用医疗资源,更可能为家庭提供更好的营养和生活环境。她们更倾向于参与社区活动,对社会公正和平等问题有更深的理解和参与。所有这些都表明,女性教育投资不仅可以提高女性的经济地位,还可以改善她们的生活,并对社会产生深远影响。同时,提高女性的教育程度是实现性别平等、促进经济增长及改善社会福利的关键策略。虽然在低收入国家,关于女性教育对收入的直接影响的数据不足,但无论从宏观还是微观层面看,女性教育的投资回报都是显而易见的。因此,我们必须持续地强调和倡导女性教育投资的重要性。在许多现代家庭中,配偶间的对话常常是以各自的最大利益为驱动的。受教育程度较高的女性因为在家庭之外有更多的可能性,所以在家中她们通常拥有更强的谈判技巧,这使得她们能够控制更多的家庭资源。相比于父亲,母亲通常更倾向于关注子女,所以她们可能会将更多的资源用于子女的消费。因此,如果所有其他因素都保持不变,那么一个受过更高教育的母亲通常会投入更多的资源来教育她的子女,这可能会让她的子女也接受更高的教育。

教育程度与生育率的关系已经引起了学术界的广泛关注,但是目前没有明确的共识。一些研究者认为,随着教育程度的提高,生育意愿会下降。这是因为女性的教育水平会提高其劳动收入,强化个人职业发展的偏好,并延迟结婚年龄,从而对生育意愿产生明显的抑制效应。例如,索恩的研究发现,拥有大学学位的女性分娩的可能性下降了23个百分点,分娩总数下降了1.3个百分点。受过教育的女性更可能权衡时间和机会成本,并通过现代避孕方法控制家庭规模,从而导致总生育率下降。然而,也有研究者持有相反的观点,他们认为教育程度对生育意愿有积极的影响。因为教育能提高夫妻的收入,减少家庭的预算压力,因此生育孩子的数量并不会减少,教育程度与生育率之间并不呈现负相关关系。另有研究显示,教育对生育意愿的影响并不是单一的抑制或促进作用,两者之间的关系并不简单。在父母的教育水平和能力提高的初始阶段,他们可能会有更多的孩子,但随着他们的教育水平和能力的进一步提高,他们的生育意愿可能会下降。然而,在教育水平和能力达到最高阶段时,他们可能会再次增加生育的数量,从而形成一个倒U形的关系。至于收入水平与生育率,一些研究者认为它们之间存在负相关关系。研究发现,社会经济地位在决定生育率方面起着重要的作用,社会经济地位高的女性更可能没有孩子。德比使用欧洲和北美地区当地人口的纵向微观数据进行研究,研究结果支持上层人群会先于其他群体降低生育率的观点。部分学者认为家庭收入对育龄人群的二孩生育意愿具有显著正向影响,即经济条件越好,生育意愿越强烈。陈蓉以上海为例,采用横断历史元分析法,整合1981~2011年间上海居民生育意愿调查数据,发现高收入群体的生育意愿相对较强。研究表明,教育程度和收入对生育率的影响是复杂且深远的。有一种观点认为,随着教育程度的提高,女性可能会推迟结婚和生育,从而降低了生育意愿。同样,较高的收入可能会降低生育率,因为高收入家庭的女性可能会把更多的时间和精力投入职业发展中,从而减少了生育的可能性。

然而,这种观点并不是无可争议的。有一些研究者认为,教育和收入对生育率的影响并非总是负面的。教育可以提高个人和家庭的经济条件,从而减轻家庭的经济压力,使得个人和家庭有更多的空间和资源用来养育孩子。此外,随着收入的增加,家庭可能会有更多的资源用于孩子的教育和养育,从而提高夫妻的生育意愿。这就形成了一个扁平U形曲线,其中,中等收入家庭的生育率是最低的。教育程度和收入对生育率的影响是多元化的,取决于许多因素,包括文化、社会、个人选择以及政策环境等。

基于社会学视角的研究,法国社会学家和人口学家阿森·杜蒙特提出的社会毛细管理论认为,阶层流动会影响生育率,社会中个体具有不断向上发展的需求与渴望,因而会牺牲生育机会将其资源更多地用于地位提升上,出生率的下降是社会毛细管效应的体现。提高教育程度的同时,也提高了收入水平,这是居民实现社会阶层流动的重要手段。相比于教育程度较低的群体,受教育程度越高的群体越有可能通过消费来维护和提升自己的社会地位。这种消费行为,即地位消费,意味着消费者购买某些商品或服务,以此来显示、保持或提升他们的社会地位。然而,随着收入的增加,人们可能会对地位消费的投入增加,甚至超过收入的增长速度。这种现象可能会对生育产生压力,因为更多的资源被用于消费,而不是用于养育孩子。这种压力可能会导致生育率的降低,形成一种自我强化的低生育率机制,进而陷入低生育率的困境。但是,地位消费对不同收入阶层的影响可能会有所不同。对于经济状况比他们所认同的社会阶层平均水平好的人来说,地位消费的压力可能会较小。而对于经济状况较差的人来说,地位消费的压力可能会较大。为了能够购买地位商品,他们可能需要减少或者放弃其他支出,包括生育,从而抑制了他们的生育意愿。

在解释低生育率陷阱的原因时,我们不能忽视生育文化和价值规范的影响。这些文化和规范深深地嵌在生育政策中,而且它们的转变与教育水平有很强的关联性。教育的不同途径都会对生育意愿产生影响。首先,通过缩小工作和教育领域中的性别不平等,女性可以改善性别之间的不对称。相比于受教育程度较低的女性,受教育程度较高的女性的劳动参与率更高,这通常会增加她们在家庭中的谈判能力,从而改变其经济和家庭地位。在追求性别平等的同时,女性也更注重个人价值的实现,这可能导致她们推迟结婚并降低生育意愿。其次,随着居民受教育程度的提高和社会保障体系的完善,人们的生育观念和养老观念正在慢慢变化。传统的生育文化,如"养儿防老""多子多福"和"母以子贵"等观念,正在逐渐弱化,女性不再仅仅被视为传宗接代的工具。低生育率是女性在感知这种文化差异以及在家庭与工作冲突中的反应。

受教育程度的提升会显著降低生育意愿,而收入的影响,则存在一个正U形关系:随着收入的增加,人们的生育意愿会降低,但当收入达到一定水平时,生育的成本约束得到缓解,生育意愿会逐渐增强。此外,性别、婚姻状况、住房所有权和兄弟姐妹的数量等因素也对生育意愿产生了显著影响。例如:男性的生育意愿通常强于女性,这是因为女性在生育和抚育孩子的过程中需要付出更多的时间和机会成本;拥有房产可以减轻生育的经济压力,从而增加生育意愿;有更多兄弟姐妹的人通常有更强烈的生育意愿。在低收入阶层和中等收入阶层中,男性的生育意愿显著强于女性,这反映了女性面临的生育困境。随着教育年限的提升,女性有更多的机会参与工作,但在生育和抚养孩子的阶段,女性需要付出更多的时间和精力,这可能会导致职业生涯的中断,从而导致女性的人力资本贬值。教育在塑造我们的价值观方面起着关键的作用。随着基础教育的普及和人们受教育程度的提高,人们对生育的传统观念也在发生改变。特别是受教育程度的提升对低收入和中等收入阶层的生育观念产生了巨大影响,这可能是因为教育提高了这些阶层中女性的议价能力,改变了她们以家庭为主的观念,让她们开始关注自我价值和性别平等。

另外,教育提升了人力资本,提高了低收入和中等收入人群的工作参与率,导致他们的闲暇时间减少,养育孩子的时间和机会成本增加,这进一步降低了他们的生育意愿。社会保障和收入的提高也对生育意愿产生了替代效应,随着社会养老体系和社会保险的完善,中低收入人群的生育意愿也在降低。而对于高收入人群,他们可能更注重从生育中获取精神满足,希望他们的社会地位和遗传特质得以传承,因此他们的生育意愿相对较强。因此,教育对高收入人群的生育观念的影响并不明显。

消费水平是衡量社会阶层认同感的一种直观方式。不同的社会阶层会选择符合自己阶层的消费方式,以此来彰显自己的社会地位。在预算有限的情况下,如果孩子带来的效益不如社会地位带来的效益大,那么他们可能会选择减少生育,以便有更多的资源用于维护和提升自己的社会地位。此外,社会阶层的流动性也可能影响生育意愿,因为人们会将一部分资源用于实现社会阶层的上升,这也可能挤压了生育的预算。在各个收入阶层中,教育对地位消费的影响只在中等收入阶层显著,这表明中等收入阶层更倾向于地位消费,他们不愿意下降到更低的收入阶层,同时也希望保持或提升自己的社会地位。对于低收入阶层,由于他们的可支配收入较低,在满足家庭基本需求之后,用于地位消费的资源就很少了。这也反映出,在当前的社会发展阶段,收入预算的限制仍然是影响各阶层生育意愿的主要因素。教育对阶层流动的影响在低收入阶层和高收入阶层并不明显,这可能是因为中国的社会分层和流动性在转型期变得更为复杂,使得传统的阶层参照群体的定位变得不稳定,阶层流动的对比变得模糊。

二、我国的教育对女性生育观念的影响

无论男性还是女性,他们的教育程度越高,对实现自我价值的需求也越强烈,这反过来影响了他们的生育观念,特别是女性,出现了晚婚

晚育甚至是不生育的趋势。为何受过高等教育的女性更倾向于晚婚晚育或者不生育呢？分析其原因主要有以下几点：

首先，接受高等教育的时间较长。对于很多高学历女性来说，她们可能希望在事业稳定后再考虑生育。例如，一名博士毕业后进入高校工作的大学女教师，她希望在35岁左右再考虑生育，因为她希望在孩子出生前自己能够评上副教授职称。从怀孕到孩子上幼儿园期间她需要将主要精力投入到照顾孩子上，这对她的职业发展无疑是一种干扰。因此，她可能会错过理想的生育年龄。虽然这种情况并不普遍，但也具有一定的代表性。其次，现代社会职场竞争激烈，许多育龄女性希望在职场上建立自己的地位。从怀孕初期到哺乳期结束，女性可能需要暂停职业生涯1年半的时间。这也是在像北京、上海、广州和深圳这样的经济发达地区，女性的婚育年龄更晚的原因。最后，越来越多的女性希望能够亲自照顾自己的孩子，尤其是受过高等教育的女性。她们对下一代的期望值很高，希望能够通过自己的教育经验来教育孩子，实现以身作则的教育效果。因此，她们更看重的是孩子的质量，而不是数量。女性地位的提升，意味着她们在生育问题上有更多的选择权。在传统社会，女性必须服从男性，没有发言权，思想受到男权社会的束缚。然而，自新中国成立以来，男女平等的思想得到了推广，经过几十年的努力，女性的地位得到了显著提高。

高等教育对女性的影响是多方面的。它既提高了女性的社会地位，也增加了她们的择偶难度和生育压力。因此，对于接受高等教育的女性来说，如何在择偶、生育和事业之间找到平衡，是她们面临的一大挑战。女性地位的提升是社会进步的一种体现。这种提升主要是由于以下三个因素：一是国家的政策法规保护，二是消费社会对女性的需求,三是女性自身能力的增强。首先,国家的政策法规保护是女性地位提升的重要因素。中国通过法律手段确保了女性权益的保护,并强调了男女平等的原则。这些为女性提供了一个公平的社会环境,使她们可以在各个领域中拥有和男性相等的权利和机会。这对于提升女性的社会地位起到了关键作用。其次,消费社会对女性的需求也有助于提升女性的地位。在当今社会,女性已经成为消费的主力军。这不仅体现在她们在消费市场上的主导地位上,也体现在她们在推动经济发展中的重要作用上。例如,"美女经济"的兴起,实际上是对女性消费力的一种重视和尊重,这无疑提升了女性的社会地位。最后,女性自身能力的增强也是她们地位提升的关键因素。通过接受教育和参与职场,女性不仅提高了自己的知识和技能水平,也增强了自信和独立性。她们在职场上的表现和贡献,使她们赢得了社会的尊重,这也提高了她们的家庭地位。

除此之外,女性的婚姻观也在发生改变。在传统社会中,女性的主要任务是结婚生子,而现代社会中的女性则有了更多的选择。她们可以选择职业发展,也可以选择结婚生子,甚至可以选择独身主义或者"丁克"生活。这种改变是女性地位提升的一种体现,也是社会进步的一种体现。这种提升不仅改变了女性的生活,也改变了整个社会。对于女性来说,她们需要更多的自信和勇气,去追求自己的梦想,实现自己的价值。对于社会来说,需要更多的开放和包容,去接纳和尊重每一个女性,让她们在社会中发挥出应有的作用。

三、日本的教育对女性生育观念的影响

青木纪久代和神宫英夫用西方的自爱观来解释现代日本女性的婚姻观和生育观。①青木纪久代是一名杰出的日本作家和心理学家,她倡导的自我爱护理念,特别是对女性的心理健康和自我认同的关注,有以下几个主要影响:一是自我接纳。青木纪久代鼓励女性欣赏自己的独特性和个性差异。她强调每个女性都是独一无二且无比珍贵的,应该培养自我认同和自信心,而不是过度关注他人的期待。二是自我价值。青木纪久代强调,女性的价值并不仅仅取决于她们的外表、社会地位或他人的评价。她鼓励女性去探索自己内在的价值和长处,以满足内在需求并实现个人成长。三是自我关怀。青木纪久代主张女性把照顾自己作为生活的重要部分。她鼓励女性关注自身的身心健康,设立并尊重个人的界限,学会满足自己的需求,为自己创造正面的生活经历。四是自主性。青木纪久代强调女性的自主性和决策权的重要性。她鼓励女性学会独立思考,做出自己的选择,追求个人的目标和生活的意义。五是互助与支持。青木纪久代鼓励女性互相帮助和支持。她强调,女性可以通过共享经验和相互支持建立紧密的关系,共同成长和实现自我价值。

随着教育水平的提升和社会观念的变迁,人们的生活方式和价值观也在发生着巨变。以日本为例,1973年日本东京的目黑区诞生了首

---

① RAYMO J M, FUKUDA S, IWASAWA M. Educdational differences in divorce in Japan[J]. Demographic research, 2013(6): 177-206.

家欧式城堡风格的情趣酒店,此后的 10 年间,类似的酒店在日本全国各地不断涌现,其数量在巅峰时期达到了近 4 万家。然而如今,这个曾经年产值高达数百亿美元的产业正在逐渐衰落。情侣们很少去情趣酒店约会,而女性的聚会活动却在增多,这使得很多情趣酒店不得不转型为普通酒店,或者雇用懂外语的员工以吸引外国游客。这种变化的背后,倒映出了日本社会中年轻人谈恋爱和结婚的趋势正在下降的现象。在一项街头问卷调查中,许多女性表达了她们对独居生活的向往:可以按照自己的节奏生活,不用顾及他人的喜好,可以自行支配收入,不用为家务事操心,不必担心婚姻生子后的形象问题。而男性则认为,恋爱和结婚既耗费金钱又浪费时间,他们担忧自己无法为子女提供一个幸福的未来,有的甚至直接表示"不娶妻,不生子,不买房,不买车"。这种观念已经逐渐成为年轻一代的社会趋势。

简言之,随着社会观念的变化,人们的生活方式和价值观也在发生着深刻的变革。在日本,这种变化表现为情趣酒店业的衰落,以及越来越多的年轻人选择独居生活,避免恋爱和婚姻的束缚。这种变化不仅反映了社会的进步,也反映了人们对个人自由和自我实现的追求。

青木纪久代倡导的自我爱护理念给女性提供了一个积极的心理框架,帮助她们建立正面的自我认同感,增强自尊和自信,以及培养自主性和互助性。这种自我爱护理念为女性的心理健康和全面发展提供了重要的指引和支持。此外,日本学者普遍认为现代日本女性的生活目标已经从传统的"贤妻良母"角色转变为"以我为中心"。这种转变是由于西方文化对日本社会的影响,以及日本人对西方个人主义思潮的赞赏。日本著名人口学者阿藤诚指出,从 20 世纪 80 年代开始,日本社会对女性在社会中的地位和作用的看法已经发生了显著的变化,不再坚守传统的"贤妻良母"模式,而是开始接受女性的多元选择和发展。这种转变主要由2个因素推动的:一是大量女性开始参与社会工作和活动;二是国际和日本国内为提高女性社会地位而进行的各种政策运动,以及媒体对这些运动的报道所产生的影响。我们对日本女性的传统印象是结婚后她们往往会做全职家庭主妇。日本的家庭主妇分为2种:一种是毕业后先工作一段时间,待婚后辞去工作,成为全职主妇操持家务,这类主妇没有经济来源,虽然衣食无忧,却由于生活圈子小、对丈夫依赖性大而极易形成精神世界的空虚无助。全职主妇,每天的主要任务就是照顾丈夫和孩子的饮食起居。另一种主妇则除料理日常家事外,还在超市等场所做小时工以补贴家用。

随着受教育水平的提高,男女平等和尊重个人发展的思想逐渐深入日本社会,日本女性的经济能力也得到了明显的提升,有研究表明日本女性的学历上升和收入增加会对婚姻和生育产生不利影响。①在西方女权主义和女性解放思想的影响下,日本女性开始追求社会工作以实现个人价值,科技的进步也使得女性从繁重的家务劳动中解放出来,越来越多的女性选择离开家庭参与社会活动。她们寻求在社会中平等的地位,并致力于实现自我价值、独立和自强。日本女性就业的普遍性已经成为一个趋势。日本历次国势调查结果表明,25～44岁的日本女性劳动力参与率一直在上升,其中25～29岁的女性劳动力参与率增长最为明显。随着日本女性受教育程度和就业的提升,她们的社会地位也大大提高了。许多女性不再满足于传统的"贤妻良母"角色,而是选择晚婚、不婚、推迟生育甚至不生育。在2018年的日本家务和育儿观念

---

① 阿藤誠.日本の超少産化現象と価値観変動仮説[J].人口問題研究,1997(3):3-20.

网络调查中,仅有3.1%的女性认为家务和育儿是妻子的专属责任,有23.4%的女性认为这主要是妻子的责任,但丈夫应该帮忙,有44.6%的女性认为夫妻应该平等分担家务和育儿责任,还有18.7%的女性认为应该根据实际情况,谁有空谁承担。

在经济高度发展和社会物质生活丰富的背景下,日本年轻人的生活方式开始多元化,受到西方个人主义思潮的影响,他们不再认为在一定年龄内结婚和生子是必然的人生路线。随着个人主义在日本的流行,日本年轻人的生活观也发生了多种变化。例如,在对个人幸福与日本整体状况的关系方面,根据日本的"青年意识调查",1953~1993年间,认为"个人幸福必须依赖日本的繁荣"的年轻人的数量迅速减少,而认为"个人幸福与日本的繁荣同样重要"的年轻人的数量逐渐增加。在生活方式的选择方面,选择"不考虑金钱和名誉,按照自己的兴趣生活"的年轻人增加了20%,选择"优先享受每一天"的年轻人增加了15%,而认为应该"无论何时都要正确地生活""通过努力学习出人头地"和"为了社会无私地奉献自己的全部"的年轻人则越来越少。①

随着日本年轻人的生活态度的转变,享乐主义逐渐盛行。许多年轻人并不急于思考结婚和生育的问题,这导致晚婚和不婚的趋势愈加明显。进入21世纪后,日本年轻人的生活方式变得更为多元和复杂,出现了像"尼特族""宅男宅女"等青年亚文化群体,这进一步拉低了年轻人的结婚率和生育率。

---

① 樋口美雄,岩本正美.パネルデータから見た現代女性:結婚·出産·就業·消費·貯蓄[J].東京:東洋経済新報社,1999:25-65.

▶第三节　媒体与女性生育观念

　　我们生活在一个高度媒介化的社会,因此,我们可以通过媒体这一中介环节去探索影响女性生育观念的各种因素,包括历史和现实的影响。在媒体话语体系中,生育政策如何塑造女性的认知,社会文化如何限制女性的生活和发展,个人经验如何触动情感,以及经济消费如何与观念相关联,所有这些问题都可以在历史的框架下进行探索和理解。所有的历史都是思想的历史,因此想要理解女性生育观念背后的深层逻辑,我们应该从"观念历史"的角度去研究它。媒体话语在建构过程中,也悄然无声地将时代所需的生育文化植入了女性的观念中,使女性的生育观念往往被局限在政策和文化的框架内,缺乏自我主体性。因此,当我们将女性生育观念投射在历史发展的大背景下时,我们将拥有从多个角度思考这个问题的空间,这样女性在面对生育问题时,也可以从多个角度出发,而不再被时代的观念所束缚。

　　通过媒体,我们可以从其话语中感受到历史的变迁,并通过反思这些话语来反观我们自己。女性的生育主体性开始显现,也标志着新时代的自我对话和自我觉醒开始了。

一、媒介与媒介话语

"medium"（媒介）这个词，源自拉丁文"medium"，意即"中间"或者"中介"。正如雷蒙·威廉斯在《关键词：文化与社会的词汇》一书中所指出的，这个词最早在17世纪初被广泛使用，用以表示中介机构或中间物的概念。媒介的含义一直在变化，不过它至少包括3个方面的内容：第一，作为中介物的媒介，即介于通信的发送者和接收者之间的物质或媒体；第二，作为技术的媒介，比如视觉、声音等；第三，作为资本主义的产品，比如报纸、广播等。中国学者李玮和谢娟在区分了媒介与媒体之后，认为媒介是更为客观的存在。在新闻与传播视域下，媒介既指传递信息的手段，比如声音、文字、图像等，也指传递信息的载体，比如报纸、杂志、广播、电视、网络等。进一步说，我们现在已经进入了"万物皆媒"的时代，也就是麦克卢汉所说的"泛媒介"时代。麦克卢汉认为，人类所有的科技进步和工具的发展，都是由于媒体的发展，所有这些都是人体的延伸。比如，衣服是皮肤的延伸，石斧是手的延伸，车是脚的延伸，电话是声音和耳朵的延伸，印刷品是眼睛的延伸，广播是耳朵的延伸，电视是耳朵和眼睛的延伸等。更进一步说，人与周围环境的任何关系，都必定通过媒介来实现。这一点在德布雷的媒介学中有更具体的阐释。德布雷认为对于媒介学来说，媒介并不是单纯地指向当前的大众媒介领域，还包括所有能够作为中介的载体，能够承载思想观念的介质。比如，一张桌子、一间教室、一列火车……这些物体的存在，都对信息、思想、观念的传播起到了中介的作用，从而可以被视为媒介。

因此，我们可以说，媒介作为连接人与环境、连接人与人、连接人与自我的桥梁,其重要性不言而喻。在这个意义上,媒介既是我们获取信息、理解世界的途径,也是我们塑造自我、表达自我、实现自我的工具。无论是报纸、广播、电视、网络,还是语言、符号、图像,甚至我们的身体,都能成为媒介,都能承载和传递信息、思想、观念。

此外,媒介还可以被理解为一种文化现象,一种社会现象。它反映了社会的变迁,揭示了文化的动态。在媒介的影响下,我们的认知、观念、价值观、生活方式等都在不断变化。因此,媒介不仅是我们理解世界的方式,也是我们塑造世界的工具。媒介的概念在不断扩展和深化,它既包含了实物媒介,如报纸、电视、广播等,也包含了非实物媒介,如语言、图像、声音等,还包含了抽象的媒介,如文化、社会制度等。这些媒介无论是作为信息的传递者,还是作为社会变迁的反映者,都在我们的日常生活中扮演着重要的角色。媒介不仅改变了我们获取、处理和理解信息的方式,而且深刻影响了我们的思维方式、价值观、生活方式和社会结构。正如麦克卢汉所说,媒介就是信息,媒介的形式和特性在很大程度上决定了我们接收和理解信息的方式。同时,媒介也是我们塑造和理解自我、他人和世界的重要工具。通过媒介,我们可以了解远在天边的事物,也可以表达内心深处的想法和情感。媒介使我们能够超越时空的限制,与他人进行交流和互动,实现自我表达和自我实现。此外,媒介还是人类社会和文化的反映和载体。不同的社会和文化会产生不同的媒介,而这些媒介又反过来影响和塑造社会和文化。正如德布雷所说,媒介不仅是信息的传递者,也是社会和文化的创造者。

媒介既是我们获取和理解信息的工具,也是我们表达和实现自我的渠道,更是我们了解和塑造社会和文化的窗口。我们生活在一个充满各种媒介的世界中,无论我们意识到与否,媒介都在以看不见的方式影响着我们,塑造着我们。无论是过去、现在还是未来,媒介都在我们的生活中发挥着重要的作用。媒介学的主要目的就是利用某种影响思想运行的物流方法,来阐明这个既挥之不去又无法判定的决定性问题,这在文学家、人种学家和伦理学家的思想格式中,通常被界定为"词语的权力"、"象征效力"或思想在历史中的角色。①借由媒介,受众才能够了解到各种思想的表达,进而出现对其意识形态的影响。

二、媒介环境下的女性生育观念

中国的生育政策有其独特性和历史背景,这使得女性的生育观念建构呈现出一定的复杂性,需要通过全面的研究和分析才能理解。媒体的语言和表达方式如何与各种因素相互联系,进一步影响女性的主体性? 媒体的话语是否起到了桥梁的作用,从而使各种因素影响女性对生育的观念? 这需要我们在历史发展的大背景下,从多个维度对女性的生育观念进行深入思考才能给出答案。换言之,中国的特殊国情和历史深厚的生育政策背景使得女性的生育观念建构带有一定的复杂性,这需要我们进行全面的探讨和解析。媒体的表达方式如何与各种元素交织,进而触及女性的主体性? 媒体的言论是否充当了连接各种因素与女性生育观念的媒介? 这需要我们在历史发展的轨迹中,通过多向度、多层次的角度去解读女性的生育观念。

---

① 雷吉斯·德布雷.普通媒介学教程[M].陈卫星,王杨,译.北京:清华大学出版社,2014:3.

（一）我国媒介下的女性生育观念

传统的家庭养老模式主要依赖于家庭内的人力资源，它是基于一种子孙后代相互扶持的模式。"多子多福、养儿防老"的生育观念鼓励女性生育更多的孩子，以此来确保自己在老年时能够得到照顾。在中国传统家庭中，女性对孩子带来的满足感多是根据生育的数量来判断的。特别是在农村社区里，一个人的价值往往不是由他个人决定的，而是由他所在的那个固有的小群体——家庭决定的。因此，生育孩子的数量越多，就意味着一个人拥有的"社会资本"越多。"人多"也是"势众"的一种体现。[1]

在实行长期计划生育政策的环境中，人们的生育观念已经形成了一种历史惯性，因此，人们难以立即改变自身的生育观念，特别是当他们需要考虑生育后的一系列相关问题时。在相关政策放宽后，人们对生二孩的意愿并不强烈。在这样的背景下，媒体的话语建构在报道生育政策及其相关问题时，新闻报道在词汇选择上呈现出积极的倾向，通过强调全面二孩政策的积极方面，微妙地引导人们对这一政策的态度转变。

全面二孩政策对我国增加人口红利、发展经济等方面有明显的益处，因此媒体在相关报道中更倾向于积极解读政策。媒体对政策本身以及生育所涉及的相关问题的正向解读的话语建构，进一步推动了个体观念的转变。换句话说，长期的计划生育政策使人们的生育观念形成了历史惯性，转变这种观念并非易事。虽然政策已经放宽，但由于人

---

[1]李银河.生育与村落文化[M].呼和浩特：内蒙古大学出版社，2009：69.

们需要考虑到生育后的一系列问题,人们的二孩生育意愿并未显著增强。在这种情况下,媒体通过积极的词汇选择和对全面二孩政策积极效应的强调,巧妙地引导了人们对政策的接受和自身观念的改变。新的社会环境对生育产生的经济压力等因素使得人们,尤其是女性,对生育第二个孩子的意愿并不强烈。媒体在这个过程中扮演了一种隐性的权力角色,通过报道全面二孩政策相关的专家意见和建议,强化了政策本身的多元合理性,并强调了国家层面为女性清除生育障碍的努力。然而,女性作为信息接收者,对于媒体内容进行了一种协商式的解读。这种解读包含了接受和反抗的双重态度:一方面,她们确认了主流观念的合理性;另一方面,她们在自身的视角下形成了独特的非传统观念。换言之,女性在解读信息时既肯定了主流观念,又保持了自身的主体性,两者在不断的冲突和融合中形成了中立的观念。

尽管女性肯定了放宽生育政策对人口红利和劳动力结构调整的积极影响,但由于当前的抚养成本较高,她们仍然犹豫不决,不愿意生育第二个孩子。即便政策放宽,这部分女性的生育观念也不会立即改变。然而,即使女性的观念还未完全转变,但是协商式的解读立场给了她们一线希望。媒体展示的国家层面的优势已经影响到了女性的生育观念的一部分,观念的转变需要多方面因素的共同作用,因此目前还不会出现大规模的生二孩现象。这也是观念断裂后所经历的过渡阶段。随着政策的不断传播和人们的不断协商解读,国家权力在解读过程中得以再生产,话语秩序得到进一步加强。技术的赋权使得每个人都有能力在网络上公开发言。因此,当三孩政策出台后,各个媒体开始从自己的角度对其进行解读。例如,如果孩子多了,学区房的问题将会变得更加严重,教育成本会增加,而女性作为主要的生育和抚养者,在养育孩子的过程中需要付出大量的精力,同时也难以轻易地返回职场。这些观点都在强调生育对女性的巨大影响,包括经济、精力和心理等方面的改变。

这些信息的传播者从生育三孩的消极面进行了考量,这也是一种对女性的规训的消解,意味着女性不应该被生育所束缚,也不应该被社会对生育数量的设定所限制。在过去的社会文化中,女性被鼓励生育,但是当技术赋予个人发声的权力后,文化的规训发生了变化,个人的观点可以在网络上被看到,而当同一种观点被重复提出时,它会形成更大的舆论力量,使女性开始对自己进行新的文化劝谕,开始掌握生育自由,不再受生育政策的束缚。在这样的观点传播下,三孩生育政策的传播效果可能并不乐观,女性的生育观念可能会转向更为开阔的空间。换句话说,技术的赋权和文化的多元可能让女性有更多的选择,使她们不再受生育政策的限制,可以根据自身的情况和愿望自由选择生育的数量。

(二)日本媒介下的女性生育观念

日本的媒体对于生育观念的塑造在过去几十年里经历了重大变迁。媒体,作为一种影响力强大的力量,塑造着社会价值观,但它并非一个单一且恒定的实体,而是由电视、广播、报纸、杂志、互联网、社交媒体等多种形式组成的,这些不同的媒体形式可能会对生育观念产生不同的影响。过去,日本的媒体普遍强调传统的家庭价值观,例如提倡早婚早育,并且将婚姻和生育视为每个人的责任和义务。然而,随着社会的快速变迁和价值观的多元化,媒体对婚姻和家庭的理想化程度已经有所降低。近年来,随着女性教育水平的提高和职业机会的增加,越来越多的女性选择推迟结婚和生育,以追求事业发展。媒体可能会对这些成功的女性进行正面报道,强调女性独立和自主的价值观,从而影响了女性的生育观念。

媒体报道的内容也可能反映了日本社会普遍面临的经济压力,包括高昂的生活成本、低薪工作等问题。这些经济压力可能会影响年轻人的婚姻和生育决策。日本面临的低生育率问题也在媒体上得到了广泛的报道和讨论。这些报道强调人口老龄化、少子化对日本社会和经济的影响,引起了公众对生育观念的反思。媒体在性教育和生育知识的传播方面也起着重要的作用。例如,它可以向公众提供有关避孕、生育健康等方面的信息,增强公众的相关意识,提高其生育知识水平。因此,可以说媒体在塑造生育观念方面具有重大的影响力。然而,人们的生育观念不仅受到媒体的影响,还会受到教育、家庭、社交圈等多种因素的影响。因此,理解并解释日本民众生育观念的变化,需要考虑到这些多元的影响因素。

在日本的"失去的20年",即从20世纪90年代开始的经济停滞期,许多社会问题逐渐浮现。在这个时期,民众大量涌入风俗业,同时互联网的发展为风俗业的宣传和信息的获取提供了极大的便利。而有性需求的男性由于终身雇佣制的崩溃和派遣员的普遍化,收入大幅下降,需求也随之下降,导致了日本风俗业的服务价格一路下滑。同时,警察的"默许"和管制界限的模糊使得提供这类服务的店铺很快发展起来。所以,日本的风俗业始终处于"灰色地带"。①另外,20世纪中后期的日本

---

① 梁颖.日本的少子化原因分析及其对策的衍变[J].人口学刊,2014,36(2):91-
103.

开始了大规模的城市化进程,而这种转变对日本的风俗业也产生了深远影响。随着人口从农村向城市转移,新的消费观念和生活方式开始在城市中流行。其中,风俗业也逐渐成为日本都市夜生活的一部分。在这种环境下,风俗业得以迅速发展,各种各样的服务开始兴起。与此同时,日本的媒体也对风俗业的发展产生了影响。媒体不仅通过报道推动了社会对风俗业的接受,也通过各种方式塑造了公众对风俗业的认知。例如,一些电影和电视剧将风俗业作为背景,从而引起了公众的关注。此外,一些杂志和网络媒体也经常发布关于风俗业的信息,这不但提供了消费者所需的信息,也在一定程度上推动了风俗业的发展。

日本风俗业的发展受到了社会经济、文化和媒体等多种因素的影响,这些因素相互交织,构成了风俗业复杂的现状。日本风俗业从业者若是想要重出社会就业,很难再寻找到收入不低并且相对稳定的工作,若是离了婚,便要面临贫穷问题。目前日本社会的贫穷主力军,则正是单亲妈妈们。[1]因此,日本风俗业的蓬勃发展对女性的生育观念也产生了很大的影响。

日本作为一个经济高度发达的国家,其社会商品化程度高,特别是服务业发展领先全球。这种发展不仅改变了人们的生活方式,也对社交关系产生了影响。一些日本青少年对电子虚拟异性朋友产生了依赖,因为这种关系避免了现实中的矛盾和冲突。同样,许多成年女性也会选择在酒店等场所付费寻找男性陪伴,这种关系的商业化使得被雇用的男性更加关心女性的感受,从而让这种关系比真正的恋爱关系更轻松。然而,这种现象的出现也对日本社会的婚姻和人口结构产生了

---

① 董海礁.中日女性婚姻观变迁的比较研究[J].文化学刊,2019(11):241-243.

影响。许多女性选择了上述商业服务,减少了在现实生活中主动与异性交往的机会,这就导致她们可能选择不婚不育。此外,生育和抚养子女也带来了一系列的经济压力和生活困扰。从孩子出生到上学,甚至到结婚,都需要付出大量的金钱和时间。女性在生育后抚养孩子,可能会影响她们的职业发展。同时,日本青少年的问题也越来越多,犯罪率上升,校园暴力频发,电子游戏和动漫的色情、暴力内容影响着孩子们的身心发展。在这种社会环境下,家长教育管理孩子的难度加大,孩子的成长道路也充满了挑战。日本服务业的发达和社会的商品化,改变了人们的生活方式,同时也给社会的结构和青少年的成长带来了一系列问题。

三、媒体对女性生育观念的形塑机制

媒体在塑造和影响女性生育观念方面发挥着重要的作用。从概念传播的角度看,媒体通过各种方式,如新闻报道、电视剧、电影和广告等,向公众传达关于生育的观念。媒体如何提出和展示这些观念会对女性的生育观念产生正面或负面的影响。从社会和个人身份塑造的角度看,媒体展示的角色模型和故事情节可以塑造女性的社会和个人身份。例如,媒体可以通过展示理想化的母亲和家庭角色来强化女性的传统生育观念。相反,当媒体展示女性在职业和个人发展上的成功和独立性时,可能会促进女性的生育观念的变化。[①]从信息提供和启示的角度看,媒体可以提供大量的生育相关信息,包括生育知识、育儿经验、

---

① 佐藤一磨.夫の失業は出産を抑制するのか[J].経済分析,2018(3):70-93.

家庭教育等。这些信息可以帮助女性了解生育的挑战和风险,并为她们的生育决策提供启示和指导。从社会舆论和影响力的角度看,媒体在塑造和引导社会舆论方面具有巨大的影响力。例如,当媒体将生育视为女性的社会责任和义务时,可能会给女性的生育观念带来压力。同时,媒体的报道和宣传也可以引发公众对生育问题的关注和讨论,进而影响女性的生育选择。从广告和市场营销的角度看,媒体的广告和市场营销活动可以影响女性对生育相关产品和服务的认知和态度。例如,当媒体以积极和吸引人的方式推广生育相关的产品和服务时,可能会影响女性的生育观念和决策。

媒体在塑造女性的生育观念方面扮演着关键角色。媒体有责任以均衡和多元的方式展示与生育相关的信息,以帮助女性全面理解生育问题并自主做出决策。同时,女性也需要具备媒体素养和批判性思维,对媒体传播的生育观念持审慎态度,并结合自己的价值观和实际情况做出适宜的生育决策。一名女性在了解生育成本后依旧选择生育,并能够承担选择带来的结果,这才是伟大的母亲,伟大在于做出伟大的选择,在于情形下的牺牲,而不是歌颂女性健全的生殖功能。[①]这是当前女性的生育观念存在多元化趋向的原因所在,其以个体性的需求为主导,同时也反过来对媒介话语的呈现产生了引导性的建构。当前媒介在建构女性生育议题的拟态环境时,开始起到破除生育观念偏见的作用。其一,议题的广度为女性生育观念提供了更宽泛的探讨空间,强调无论女性持有何种生育观念,这都是她们个人的选择,他人无权干预,更没有资格借由社会环境对女性的生育观念进行评判。其二,在话语

---

① 王慧玲.基层女性[M].北京:中国友谊出版公司,2021:158.

构建方面,女性应从被动的生育对象转变为主动的选择者。媒体在构建这样的话语时,应注重凸显女性的主体性,将女性作为主语进行有对象的表达。目前,许多影视剧已经开始朝这个方向转变,以女性为主角的题材层出不穷。

最终,这将形成一种新的社会文化力量,即"生育观念没有优劣之分,社会应接纳多元化的生育观念"的新文化。这需要各方的协同配合,而媒体在其中发挥了推动的作用。通过媒体的呈现,人们会不知不觉地受到影响。人们不再将生育的数量和时间视为女性必须遵守的社会规范,而是理解和接纳女性关于生育的各种观念和决定。女性也不再受到生育问题的束缚,不会因生育问题而受到歧视,这也将推动女性地位的提升和社会对女性的尊重。

第三章　经济因素对女性生育观念的影响

关于经济因素与生育观念、生育行为之间的关系方面的研究相对比较多。美国经济学家哈维·莱宾斯坦是研究生育经济学的重要学者。他的理论贡献主要集中在孩子的效用和负效用的概念、价格理论和供需理论的应用，以及收入效应对生育的影响方面。首先，莱宾斯坦提出了孩子的效用和负效用的概念。他认为孩子的效用主要由直接效用（从孩子本身直接获得的效用）、间接效用（孩子的收入或劳动产生的效用）和保障效用（孩子潜在的保障作用）三部分构成。对于孩子的负效用，他认为是由养育成本和机会成本两部分构成的。这个理论为后续的生育经济学研究提供了重要的理论基础。接下来，莱宾斯坦运用价格理论和供需理论研究了家庭夫妇的生育意愿。他将生育视为一种消费行为，存在着供需关系，这种供需关系随着价格的变动而变动。夫妻的生育意愿是追求效用最大化，当孩子的边际效用大于边际负效用时，夫妻会选择生育。这个观点进一步发展了生育经济学的理论框架。莱宾斯坦也深入分析了收入效应对生育的影响。他认为，随着收入的增加，孩子的总效用会逐渐减少，这主要是因为间接效用和保障效用随收入的增加而减少，而负效用（如养育支出和机会成本）会增加。因此，随着收入水平的提高，家庭的孩子数量会减少。这个观点对于理解生育行为和家庭经济决策提供了新的视角。

贝克尔的"孩子需求"理论从消费者行为的角度出发,将孩子视为家庭中的"耐用消费品",而非"耐用生产品"。这个理论依赖于两个关键前提。其一,这个理论将孩子视为"耐用消费品"而不是"耐用生产品"。这个区别源于"净成本"的概念,即父母养育孩子的成本现值和付出时间的影子价格,与孩子为家庭带来的现金收入和服务的差值。如果"净成本"为负,孩子就可以被视为"耐用消费品",父母主要从孩子身上获得精神和心理上的收益。其二,当把孩子视为"耐用消费品"时,孩子的质量和数量被视为两种不同的商品,并且它们在满足父母需求的功能上具有替代作用。这种替代关系导致了孩子的数量和质量之间存在负相关关系。也就是说,追求孩子质量的提升会导致生育孩子的数量减少。根据这两个前提,当家庭将孩子视为"耐用生产品"时,会追求孩子数量的增加,而当家庭将孩子视为"耐用消费品"时,会追求孩子质量的提升。在经济发达的条件下,家庭养育孩子更多的是将孩子视为"耐用消费品",父母追求的更多是精神上的满足。在这种情况下,家庭会减少生育孩子的数量,而去提升孩子的质量。同时,父母在生育和养育孩子的同时还需要消费其他商品。因此,生育行为也取决于家庭在孩子和其他消费品之间的选择。当家庭收入增加时,家庭的消费需求无差异曲线向右移动,这时生育孩子的数量会增加。但是,收入的增加并不会导致孩子的数量无限制地增加。收入的上升会在一定程度上增加人们对普通消费品的需求,但是当孩子的数量达到一定程度后,人们就会开始追求孩子的质量。

1974年,莱宾斯坦提出了孩子是非一般耐用消费品的观点。他否认了以贝克尔为首的芝加哥学派的嗜好不变假设,提出了以消费理论为基础的模型。他认为孩子是一种特殊的财物,不同于一般财物的边际效用递减,孩子的边际效用在达到一定水平后会出现递增现象。这个观点为理解人口经济学中的非线性效应提供了理论支持。莱宾斯坦还提出了社会性相对收入假说。他认为,社会地位高的集团为了维护其地位,需要增加反映其地位的消费支出。在收入一定的情况下,这就需要减少对孩子的需求,因此社会地位高的集团的孩子需求量比社会地位低的集团要小。同时,他认为在社会地位相同的集团内部,富裕家庭有更多的资源用于满足孩子的需求,因此会比收入在平均线上的家庭拥有更多孩子。这个观点为理解社会经济地位与生育行为的关系提供了新的理论框架。总的来说,莱宾斯坦的理论对于我们理解人口经济学特别是生育经济学有着重要的意义。他的理论不仅深化了我们对生育行为的理解,也为人口政策的制定提供了重要的理论支持。

▶ 第一节　就业与女性生育观念

　　人的资本构成主要包括三个要素：人力资本、物力资本和社会资本。这些资本的拥有者通常在社会中具有更高的地位。教育对人力资本有直接影响，物力资本与收入有直接关系，而社会资本则与人的职业、工作单位和社交网络有关。这些因素共同决定了一个人在社会和家庭中的地位。尽管现代社会已从农业社会转变为工业社会，但女性在这三个资本方面仍然与男性存在显著差距，尤其是在社会资本方面。这种差距使得女性在社会和家庭中的地位低于男性，原因在于，女性在社会劳动过程中会出现"中断"，如妊娠、分娩、哺乳等。这些因素都对女性的发展产生了负面影响。女性在事业发展的关键阶段，需要分配一部分时间和精力进行人类的繁衍，这无疑对她们的事业造成了"中断"。这种"中断"给女性带来了一系列的不利影响。尽管现代社会已经不再要求女性把大部分时间和精力投入到孩子的抚养上，但大多数女性仍然把生育和育儿看作生活中重要的一部分。这种情况也导致很多企业和机构在招聘过程中对女性存在明显歧视和排斥。这种歧视和排斥的根源在于对女性生育的影响的误解。女性作为人口的主要生育者，她们在人类延续上的作用并没有得到应有的重视，反而成为她们发展的瓶颈。

第三章　经济因素对女性生育观念的影响

由于生育的影响,女性在就业过程中受到了排斥,这无疑削弱了她们的物力资本。因为社会资本主要通过就业来获取权力和资源,并依赖于建立的社会关系,所以物力资本的削弱直接影响到女性的社会资本,从而影响到她们的社会地位。女性的社会地位低,会导致家庭对女孩子的教育投资减少。学校在招生过程中也可能会倾向于男生,以期获得最大回报。教育投资的减少进一步加剧了女性在就业中的被动地位。

在人力资本不足和生育的双重影响下,女性的就业地位将进一步下降,从而形成了一种恶性循环,加剧了女性在社会和家庭中的低地位。就业对女性的生育态度产生了重大影响。以下是一些关键因素:就业提供了经济上的自主权,使女性有能力对自己的人生进行规划。这种经济自主性可以提高女性的自尊心和决策力,从而影响她们的生育观念。事业发展和生育是两个可能冲突的目标,尤其是对同时追求职业发展和家庭生活的女性而言。这会涉及职业晋升、工作时间安排和职业压力等问题,这些因素都可能对她们的生育决定产生影响。有利于生育的工作环境和福利政策可以改变女性的生育观念。例如,提供产假、灵活的工作时间、育儿津贴等福利,可以减轻女性在工作和生育之间的压力,增强她们的生育意愿。在职业发展过程中,女性需要进行职业规划和个人选择。有些女性更倾向于职业发展,把生育放在次要的地位,而另一些女性更看重家庭和生育,选择能更好地照顾家庭的工作。这些个人的价值观和职业目标对女性的生育观念有重要影响。社会的期望和压力也会影响女性的生育观念。在一些社会中,女性被期待在职业和生育之间做出选择,可能会面临来自家庭、社会和工作场所的压力。这些期望和压力会影响女性的生育态度和决策。

近年来，工业化的快速发展带动了女性劳动参与率的大幅增长，尤其在发达国家。然而，与此同时，总体生育率却呈现持续下降的趋势，甚至低于人口更替水平。许多学者普遍认为，这种现象是由于女性劳动力参与的增加导致的。在劳动力市场中，女性往往需要更高的教育水平和技能培训来满足职业需求。随着女性的职业发展和教育水平的提升，她们更愿意把精力集中在事业上，从而延后生育或选择拥有较小规模的家庭。在工作和家庭之间找到平衡是一个挑战。事业的发展需要投入更多的时间和精力，这会影响女性的生育选择，导致她们选择推迟生育或完全不生育。在一些社会中，女性会面临来自家庭、社会和职业的压力，被期待能在事业和家庭之间达到平衡。这种压力会使一些女性选择延迟生育或不生育，以便能更专注于职业发展。参与劳动力市场会增加家庭的财务压力，包括儿童托管和家庭照顾的费用。在经济压力较大的情况下，一些女性会选择推迟或避免生育。一些社会文化观念认为女性的主要职责是生育和照顾家庭。然而，随着女性劳动力参与度的提高，这些观念正在发生变化，从而导致生育率下降。在发达国家，女性就业与生育率之间确实存在显著的负相关关系。从个人角度来看，受教育程度、职业地位、收入水平等都会影响女性的生育意愿。尤其在当今社会，女性的就业会提高她们的生育机会成本，因此女性的生育决策会受到就业的影响。

另一种观点是女性生育的实际机会成本理论，这一理论重视女性在决定是否生育时所需放弃的其他可能性和权益的成本。这个理念主要强调的是，在女性做出是否生育的决定时，可能需要牺牲的其他机会，这些机会包括个人生活、职业发展、教育、社交活动等。

生育过程本身就需要女性投入大量的时间，包括怀孕、分娩以及产后恢复,这会对她们的职业发展产生影响。

生育之后,女性会放慢甚至中止自己的教育或培训计划,以应对育儿和家庭责任,这会影响她们未来获得更好的工作机会和工资水平。另外,由于需要把更多的时间和精力投入到育儿和家庭,女性会减少参与社交活动或者追求个人兴趣的时间。

生育对女性的身体健康也有一定的影响,包括身体不适等。这会导致一些女性在决定生育时,会考虑到可能带来的身体和健康成本。生育会增加家庭的经济负担,包括孩子的养育费用和教育费用。在经济条件不好或不稳定的情况下,女性会考虑到这些经济成本。由于时间是有限的,如果选择了生育和照顾孩子,那么就意味着在这段时间内无法工作,所以女性的工资增长可能会减少她们对孩子的需求。

一、我国女性的就业情况对生育的影响

中国是一个拥有庞大人口和多元文化的国家,因此,女性就业和生育之间的互动关系在中国具有复杂和多样的特性。随着城市化发展和经济的进步,越来越多的中国女性选择延迟生育,以追求职业成功和个人目标。在城市中,女性接受高等教育和职业培训的机会增多,使她们更倾向于在职业生涯更稳定和成熟的阶段才选择生育。一些女性可能会因为工作时间长、工作压力大而推迟生育,她们担心生育后难以平衡家庭和工作。城乡发展差距也影响了中国女性的生育和就业状况。在农村社会中,女性可能更偏向于早生育,而在城市社会中,女性可能会延迟生育以追求职业发展。虽然中国已有反性别歧视的法律和法规,但是现实中,女性在职场仍可能面临晋升机会减少、工资不公等问题,这也影响了她们的生育意愿。

另外,中国的传统思想认为男性主要在外工作,女性主要在内照料家务。一项对2010年中国妇女社会地位抽样调查的研究发现,排除其他因素,女性未就业者的比例为23.3%,男性未就业者的比例为6%。女性未就业的主要原因是家庭因素,占74.8%;而男性未就业的主要原因是单位因素。这项调查研究表明,除了工作,家庭也是女性的重心,女性在面临就业压力的同时,还需承受家庭责任和家务,包括生育和养育孩子。因此,对于女性来说,就业和生育在某种程度上成为两难的选择,女性就业可能会对生育产生负面影响。尽管女性的就业可以提高家庭的收入,这理论上应该有助于家庭生育,但实际情况并非如此。因为生育会增加女性在家庭上的时间和精力投入,女性的就业参与率和待遇越高,生育的机会成本就越人,所以生育的行为可能会减少。女性需要将更多的时间和精力用来照顾孩子,这导致女性在职场上的时间减少,可能会降低她们的职业待遇,甚至她们可能需要中断职业或选择更灵活的工作方式。

此外,由于女性工资收入的提高而不是由于男性收入的提高或其他因素,导致家庭收入提高,家庭会减少生育孩子的数量,这是因为女性生育和抚养孩子的机会成本增加了。根据贝克尔的"孩子需求"理论,当收入增加到一定程度时,家庭对其他消费品的需求就会大于对孩子数量的需求。因此,在这种情况下,家庭收入与生育率呈负相关关系。假设在家庭中,只有女性的时间在育儿方面是生产性的,而男性的时间是非生产性的,那么在一定时间内,男性的收入对家庭效用的贡献就是外生变量,家庭收入就取决于女性的收入。在这种情况下,丈夫与妻子的收入差距与家庭收入呈负相关关系,而男女收入差异与生育率呈正相关关系。也就是说,男女收入差异越大,生育率就越高。同时贝克尔的"孩子需求"理论指出,社会、经济和技术条件的变化会影响家庭对孩子的数量和质量的需求。例如,随着社会经济的发展以及教育和医疗水平的提高,孩子的质量(如健康、教育等)可以得到提升,这可能会导致家庭减少生育孩子的数量,而专注于提升孩子的质量。并且,技术的进步可能会降低生育和抚养孩子的成本,这可能会增加家庭生育孩子的数量。总的来说,贝克尔的"孩子需求"理论提供了一个有用的框架,可以帮助我们理解家庭生育行为的经济学机制,以及收入、工资、社会、经济等因素是如何影响生育率的。这个理论的一个重要启示是,我们不能简单地将生育行为视为一种非经济行为,而应该将其视为家庭的经济决策过程的一部分。

中国的传统文化观念往往将女性视为家庭和子女的主要照顾者,因此,女性常常在家庭责任和职业发展之间进行权衡,这使得女性在职业晋升中面临更大的困难。此外,一些雇主可能存在性别偏见,认为女性在某些职位上可能比男性效率低或适应能力差。这些偏见可能会削弱女性的晋升机会。

在《2016中国劳动力市场发展报告——性别平等化进程中的女性就业》中,研究者揭示了中国女性在劳动力市场中面临的一些挑战。其中一个关键的观察结果是,女性劳动者往往被聚集在那些入门要求较低、技术需求较少、收入水平较低的行业。需要注意的是,这种情况在2005—2014年间并未得到明显改善。该报告还提到了一个被称为"玻璃天花板"的现象,即女性在职业生涯中的晋升难度随着职位的提高而增加。这种现象部分是因为社会对女性的性别刻板印象和性别角色观念。这些观念可能会导致对女性的职业能力和领导能力产生偏见,从而阻碍女性在职业生涯中的进步。

这些因素共同作用,导致女性在高级职位上的代表性较低,而这也使得在这些职位上的女性的生育成本更高,从而降低了生育率。根据人力资本理论,教育是提升人力资本的重要方式,进而影响收入水平。[①]因此,受教育水平可以作为衡量收入的重要指标。广受认同的人口学和经济学理论认为,受教育水平的提高会导致生育率下降,原因在于时间的机会成本提高了。相对于其他生产性活动,养育孩子是一种时间密集型的活动。因此,中国的普遍现象是,受教育水平越高,就业率越高,相应的生育率就会越低。换句话说,随着教育水平的提升,女性的就业机会增加了,但同时生育的机会成本也随之增加,从而导致生育率下降。

二、日本女性的就业情况对生育的影响

一方面,随着日本女性在劳动力市场活跃度的逐渐增加,她们开始选择延迟生育,以便更专注于自己的职业生涯和个人发展。对于工作时间长、职业压力大的女性来说,晚婚晚育成为一种常见的选择。另一方面,日本女性对教育和职业发展的追求逐渐增强,她们的初婚年龄也在不断上升。这种延迟婚姻和生育的趋势可能会导致生育率的下降,特别是在日本这种传统社会。在日本,长时间的工作和缺乏灵活的工作安排使女性难以在职业和家庭之间找到一个平衡点。这可能会使女性选择延后甚至放弃生育。尽管日本政府已经采取了一些行动去推动

---

① 刘铮.人口理论教程[M].北京:中国人民大学出版社,1985:38.

性别平等,但在实际工作环境中,女性仍然面临着晋升机会有限和工资差距的问题。职场上的性别歧视可能会使女性担忧生育会对她们的职业发展产生负面影响。此外,许多女性是在非正规或短期合同的情况下工作,缺乏稳定的工作保障可能让她们在考虑生育时产生犹豫,因为她们担心经济状况不稳定。随着她们在劳动力市场参与度的增加,她们在职业、家庭和生育之间的权衡变得越来越复杂,这可能会对生育率产生影响。

日本第三产业的快速崛起为女性就业开启了广阔的天地。日本政府为女性在第三产业中创造了众多就业机会,并为女性创业者提供多项优惠政策。进一步推动日本女性就业的还有弹性工作制度的推行。这种制度允许员工在固定的任务和工作时间内自由分配工作,取消了传统的固定上下班时间。20世纪80—90年代,日本许多企业开始实施这种制度,让员工在家通过网络完成工作任务。这种工作方式适合女性具有优势的职业,如通信策划、文字编辑、信息技术、软件开发等。

在女性就业培训方面,日本主要有2种模式:公共部门主办的职业培训和民间企业举办的内部培训。这2种培训都旨在提高女性的基本就业技能。其中,公共部门主办的职业培训有针对未就业女性的初次培训和对在职员工的继续培训2种。无论是初次培训还是继续培训,培训内容都会根据市场需求和受训者的需求进行调整。这些培训使日本女性的劳动技能得以提升,进而增强了其就业稳定性和能力。然而,对于那些希望在生育后重返职场的女性来说,理想与现实之间的差距可能让她们难以达成再就业的目标。照顾孩子的责任使她们失去了自由支配时间的权利,而且在育儿阶段,她们可能会逐渐与社会脱节。社会在不断发展,而离开职场的女性,因为将重心转移到家庭,可能会与社会的变化脱节,再就业时,她们已无法适应职场环境。据调查,80%的日本女性表示,生产后不能重返原职,大多数开始转行做兼职或非正式工作。因此,许多女性为了保持职业生涯的连续性,选择推迟生育或者不生育。随着现代经济的发展,日本职业女性的生育愿望相应地减弱了。特别是对于那些没有接受过高等教育或者已有孩子的职业女性,这种趋势更为明显。一方面,与具有高等教育背景的职业女性相比,那些没有接受过高等教育的职业女性往往面临更差的职业稳定性和收入问题,因此,经济增长引发的生活成本压力可能会对她们的生育意愿产生更大的负面影响。另一方面,已经有孩子的职业女性在面临养育孩子的责任时,经济增长带来的消费压力可能会对她们再次生育的意愿产生更大的负面影响。

每个女性都有其独特的价值观和生活目标,她们会根据自身的实际情况和价值观来做出符合自己心意的生育决策。社会应该提供必要的支持和平等的机会,使所有的女性都能自由地在职业和生育之间做出选择,从而在职业和家庭生活中找到平衡。

三、就业支持政策

中国政府一直致力于提供各种职业培训和技能提升机会,以提高劳动者的就业竞争力并帮助他们适应市场需求。为此,政府通过各种培训项目和机构,开设了一系列课程等,内容涵盖了从基本的计算机技能、语言学习到具体的职业技能和行业知识。这些培训课程不仅对求职者开放,也对在职员工开放,以帮助他们适应职位变动和行业变化。为了鼓励创业,中国政府提供了一系列创业扶持政策。这些政策包括提供贷款优惠、税收减免、业务咨询和市场推广等。这些政策鼓励和帮助创业者顺利开展业务,提高了创业的成功率。在失业保障方面,中国实施了失业保险制度,为失业者提供一定期限内的失业救济金。这一制度在一定程度上可以帮助失业者应对找工作期间的经济困难。同时,政府设立了就业服务机构,提供求职指导、职业规划等服务,以帮助劳动者找到合适的工作。为了解决就业问题,中国政府还开展了一系列公益性岗位项目,提供临时性的就业机会。

在工作方式上,政府鼓励企业实行弹性工作制度,支持灵活就业和远程办公,以适应不同类型的工作需求。这种制度允许劳动者在固定的任务和工作时间内自由分配工作,提高了工作效率和劳动者的工作满意度。为了帮助劳动者更好地了解市场需求和职位信息,政府建立了职业介绍服务平台。这个平台提供各种在线资源,包括就业咨询、职位搜索、行业分析等,可以帮助劳动者提高自身与市场的匹配度。

此外,中国的劳动法律法规也规范了用工合同的签订和劳动关系的处理,明确了工资、工作时间、休假、健康和安全等方面的规定,保护了劳动者的合法权益。为了支持特定行业或地区的就业,中国政府实施了一些招聘优惠政策,鼓励企业扩大用工规模。这些政策包括提供税收优惠、贷款减免或者提供资金补贴等,以促进特定地区或行业的就业增长。

日本政府也提供了各种培训计划或者委托培训机构为失业工人提供职业培训和技能提升的机会,提高他们在就业市场的竞争力和适应能力。日本政府设立了就业服务机构,提供求职指导、职业规划等服务,以期帮助失业工人找到合适的工作。为了鼓励企业主动招聘和提供更多的就业机会,日本政府还提供了招聘补贴,减少企业的劳动成本。此外,日本实行失业保险制度,为失业人群提供一定期限的失业救济金,帮助他们克服找工作期间的经济困难。日本政府也为特定群体如青年人和残疾人提供了一系列的税收减免和社会保障措施以支持他们的就业。同时,政府也鼓励企业采取灵活的工作安排,支持灵活就业和远程工作,以提高工人的工作满意度和生活质量。为了鼓励女性就业,日本政府推广有薪护理假政策,使女性更容易平衡家庭责任和职业发展。日本政府制定了产业振兴计划,为特定行业或地区提供就业支持,并鼓励企业扩大其就业规模。这些就业支持政策旨在促进劳动力市场的稳定,增加就业机会,提高工人的整体素质和竞争力,创造一个更好的就业环境。

雇主对育龄女性生育行为的态度在招聘过程、工作性质、职位、报酬、职业发展等方面可以看出。无论育龄女性有几个孩子,雇主的态度都可以显著影响她们的生育意愿。因此,对于在职女性,必须考虑养育和照顾孩子的成本以及她们的职业发展。从根本上说,雇主对育龄女性生育行为的不鼓励、反对或缺乏支持并不是针对个别妇女,而是针对怀孕和产假导致的工作时间减少和效率降低,因此必须采取措施保护女性就业时在生育方面的相关权益。当前生育政策的实施难度和生育政策下女性就业权益的保护不足,表明我国保障女性公平就业的法律法规,特别是保障生育权和就业权的法律法规还不够完善,缺乏可以在实践中执行的详细规则和操作解释,导致女性难以有效保护自己的权益。因此,政府应进一步完善相关法律法规,细化法律内容,明确具体的司法解释实践,增加执法力度,提高法律法规的可操作性,引导公司正确理解女性员工的生育行为。政府应向公司提供某些政策优惠,减少公司客观上的影响。

第三章　经济因素对女性生育观念的影响

我们应进一步完善和细化保障女性公平就业的法律法规,禁止雇主歧视育龄女性,禁止任何针对生育女性的隐性解雇行为,如调整工作岗位和减少薪资待遇。我们应规范女性在就业和产假期间的工作歧视的判断标准和范围,以法律形式明确违反女性公平就业权利的责任和赔偿标准。我们还应加强对雇主的监督和管理制度,将用人公司的监督常态化、法治化、规范化,引入第三方参与,以确保对公司的持续监督。

我们也应探讨在育龄女性怀孕和产假期间,给予雇用生育员工的公司一定的政策优惠,帮助公司减轻运营负担。我们还可以组织涉及人力资源和社会保障局、高等教育机构和育龄女性的职业技能培训研讨会,帮助女性提高自己的职业技能和个人素质,从而创造更好的职业发展机会。

▶第二节　经济压力与女性生育观念

在经济高速发展的现代社会,人口迁移和城市化进程促使生育成本不断提高,个人主义文化和消费愿望的上升导致了城市生活方式的全面转变,在这种改变中,养育孩子的成本和收益发生了显著的变化。以前,家庭是生产中心,父母通过生育更多的孩子来增加家庭的生产力,而在现代社会,家庭已经转变为消费中心,父母不再期望通过生育更多的孩子来增加家庭的生产力,而是更加关注如何提高家庭的消费能力和生活质量。这种变化的背后是现代经济发展过程中的一种趋势,那就是生育的成本在不断上升,而生育的收益在不断下降。经济压力可能导致一些女性选择推迟生育,特别是在职业发展和事业规划还不稳定的时候。此外,经济压力还可能影响家庭规模的选择。在经济条件较好的情况下,一些家庭可能会选择生育更多的孩子,而在经济压力较大的情况下,可能会选择只生育一个孩子或者不生育。这种选择往往是基于对教育成本的考虑,因为教育成本是家庭的主要负担之一。不仅如此,经济压力可能还会影响到女性的就业和职业发展,尤其是在需要经济支持家庭的情况下,女性可能会选择更加重视自己的职业发展,而推迟或者放弃生育。

经济增长被认为是控制人口的最优手段,长期的经济增长会导致生育成本的增加，从而降低个体的生育意愿和社会总体生育率。虽然上述因素都可能影响女性的生育意愿，但也有很多策略可以提高女性的生育意愿。例如，政府可以通过提供更多的儿童抚养援助、提高教育资源的公平性和可得性、增加女性在职场的机会以及改善女性的工作环境和条件，来减轻女性的经济压力，从而提高她们的生育意愿。再者，社会对女性的认知和期待也会影响她们的生育决策。在传统观念里，女性被期待在家庭中充当照顾者的角色，而在现代社会，女性的社会角色已经发生了显著的变化。她们不仅是家庭的照顾者，也是社会的建设者和推动者。因此，社会应该更加尊重和理解女性的多元角色，尊重她们的生育决策，提供更多的支持和理解，这样才能真正提高女性的生育意愿。此外，社会的公平和包容程度也是影响女性生育意愿的重要因素。在一个公平和包容的社会中，女性的权益得到了保障，她们在职场上有更多的机会，也能够在家庭生活中得到更多的支持。这种环境有利于女性的发展，也有利于她们的生育决策。

既然现代化的进程会带来生育成本的增加和生育意愿的降低，那么我们需要关注的是，如何在这个过程中找到一个平衡点，既能够满足社会的发展需求，也能够满足女性的需求。总体来看，当国家引入了现代化的理念和生活方式后，经济社会结构会发生变革，家庭从生产中心转变为消费中心，育儿成本由于嵌入社会化机制而大幅提升，此时子女数量的增多不再为家庭带来经济效益，人口再生产的总体思想也从提高子女的数量转变为提升子女的质量。

一、中国社会经济压力对生育的影响

在过去的几十年中,中国经历了前所未有的经济增长,这带来了巨大的社会变革。中国城市化的速度和规模在世界历史上是空前的,越来越多的人口从农村迁移到城市,这一进程带来的消费主义和高生活成本,使得许多家庭在经济压力下选择推迟或限制生育。中国的城市化进程还导致了社会文化的变迁,消费主义的兴起对个人和家庭的价值观产生了深远影响。现代社会中的个人主义倾向使得人们更加关注个人的发展和自我实现,而这往往和生育孩子的传统角色产生冲突。因此,许多女性会选择先专注于自己的职业发展和个人价值的实现,然后再考虑生育问题。同时随着社会变迁和经济的发展,中国的家庭结构也发生了深刻的变化。家庭从传统的多子女模式转向了小家庭模式,这也反映了生育决策的改变。对于许多家庭来说,生育更多的孩子是经济负担。因此,人们会选择只生育一个或两个孩子,或者完全不生育。

经济压力也影响了家庭对子女教育的投资决策。教育被视为改善生活条件和提高社会地位的重要途径,因此许多家庭愿意投入大量的资源来确保子女受到良好的教育。然而,随着教育成本的上升,许多家庭可能会感到资金方面的压力,这也会影响他们的生育决策。如果一个家庭无法承担教育成本,他们可能会选择只生育一个孩子或者不生育。在21世纪,中国女性在社会和经济领域的地位已经得到了显著的提高,然而这也带来了新的挑战:许多女性可能会感到在职业发展和家庭责任之间难以平衡。在一个男性主导的社会中,女性会感到更大的压力,因为她们在职业发展和家庭责任之间必须做出选择。这会导致一些女性推迟生育或者选择不生育。

　　总的来说,经济压力、城市化进程、社会文化的变迁以及女性在职业和家庭之间的平衡问题,都对中国女性的生育观念和生育决策产生了很大影响。中国政府已经放宽了生育政策,但是由于上述各种因素,许多家庭可能仍然选择推迟或限制生育,这对中国的人口结构和社会经济发展带来了无法避免的挑战。因此,理解和解决这一问题对于中国的未来发展至关重要。自20世纪80年代以来,中国经历了快速的经济发展,这使得人口城市化的水平得以提升,现代生活方式和消费模式逐渐渗透到了每一个家庭。然而,这一变化也导致了生育意愿的降低和人口增长的负向趋势。经济发展不仅改变了人们的生活方式,也改变了他们的价值观和决策方式。随着经济的发展,人们对生活的期待和标准也在不断提高。新的生活方式和消费模式,如追求更高的生活质量、更高的教育水平、更好的职业发展等,都使人们对生育的需求和期待发生了改变。在这种情况下,生育被视为一种经济负担,而不是生活的必需。

　　中国经济的快速发展也带来了女性社会地位的提升。女性不仅在受教育和就业方面取得了显著的进步,而且在家庭和社会中的角色也发生了变化。越来越多的女性开始承担经济责任,同时也需要兼顾家庭和育儿的责任。然而,这种角色的转变也给女性带来了新的挑战。新的社会经济环境使得职业女性需要在生育和职业之间做出选择。随着生活成本的提高,许多职业女性会选择推迟或放弃生育,以便能够更好地发展自己的职业。然而,这种决策会导致生育率的进一步下降。此外,经济增长的递减效应会对不同群体的职业女性产生不同的影响。对于未受过高等教育的职业女性来说,由于她们的职业稳定性和收入通常低于受过高等教育的个体,所以生活成本的提高会给她们带来更大的压力,从而降低她们的生育意愿。而对于已经生育的职业女性来说,经济增长会对她们的生育意愿产生更大的负面影响,因为她们不仅需要承担工作和生活的压力,还需要承担育儿的压力和责任。

中国的生育率问题是一个牵涉甚众的问题,其涉及经济、政治、社会和文化习俗等因素。随着经济的发展,人们的生活方式和价值观也在不断变化,这使得生育决策变得更加复杂。然而,解决这个问题不仅需要理解这些因素和它们之间的相互作用,还需要在政策层面上进行改变。政府需要考虑如何在推动经济发展的同时维持适当的生育率,以确保社会的持续和稳定发展。这可能需要政府提供更多的政策支持,以帮助人们平衡生育和职业发展的需要。此外,还需要进一步提高女性的社会地位,尤其是在职业和家庭方面。可以通过改变社会对女性的期待和评价,以及提供更多的支持和资源,来帮助女性在职业和家庭之间找到平衡。例如,可以提供更多的托育服务,以帮助职业女性处理母职与职业的冲突。对于未受过高等教育的职业女性,政府可以提供更多的教育和培训机会,以帮助她们提升职业技能和工作稳定性。这可以帮助她们提高收入,减轻生活压力,从而提高生育意愿。同时,需要提供更多的社会保障,如失业保险,以帮助她们应对因失业而面临的风险。

对于提高女性的生育意愿,男性的支持与参与也是至关重要的一个环节。男性在生育方面对女性的支持是一种多元化的实践,这种支持涵盖了家务劳动、情感、财务和社会参与等层面。在这个过程中,男性的角色不仅是伙伴,也是支持者和倡导者,他们的参与和支持对于实现生育变革和性别平等具有极其重要的作用。家务劳动层面的支持是指男性可以通过参与家务劳动,照顾其他的孩子,以及参加产前课程来为女性提供支持。参与家务劳动和照顾孩子是一种实际的支持方式，可以让女性有更多的休息时间，从而更好地准备生育。参加产前课程，尤其是和女性一起参加，可以帮助男性更好地理解生育的过程，以及女性在这个过程中可能会经历的挑战，从而为女性提供更为有效的帮助。情感层面的支持则涉及对女性在孕期可能出现的情绪波动的理解和关心。孕期是一段特殊的时期，女性可能会经历各种情绪波动，此时男性的理解、耐心和舒适的陪伴就显得格外重要。男性可以通过倾听和尊重女性的感受，提供积极的反馈和鼓励，来为女性提供必要的情感支持。在财务支持层面，男性可以通过提供财务支持来减轻生育和抚养孩子带来的经济压力，包括支付医疗费用、购买生活必需品以及未来的教育费用。这种支持不仅可以帮助女性减轻经济压力，也可以为孩子提供更好的成长环境。社会参与层面的支持则涉及男性在社会上倡导和支持女性在生育期间和之后的权利。这可能包括推动工作场所实施更为人性化的产假政策，支持提供更多的托儿服务，以及帮助打破性别刻板印象。男性可以通过公开倡导，参与政策制定，以及通过自身行为打破性别刻板印象，来推动社会对女性生育权利的认识和尊重。这种支持不仅有助于为女性提供更好的生育经历，也对推动性别平等、实现社会公平具有重要作用。男性的参与和支持是必要的，他们的角色和行动对创建一个更公平、更包容的社会环境具有重要影响。

总的来说，中国女性的生育观念和生育行为的改变，需要我们通过多渠道多项措施并举来解决。通过探究和研判这个问题的各种本源，我们可以找到解决这个问题的多个途径。此外，我们也可以多维度参与政府和社会的各种支持生育政策，提供更多的帮助。随着女性社会地位的提高，我们可以找到解决生育和职业发展之间的平衡问题的最佳方案,从而提高生育率。这不仅可以确保中国的人口和经济稳定发展,也可以确保所有人都能在经济发展中获得更加公平的机会。

二、日本社会经济压力对生育的影响

1989年进入平成年代后,由于泡沫经济的破灭,日本经济甚至出现了负增长。随着生活方式的改变和经济压力的不断加大,日本进入了低欲望时代,婚姻对于男性和女性的重要性显著下降,晚婚或者选择不婚的情况日益普遍。根据2005年日本总务省的人口普查数据,日本未婚男性的比例从1975年的2.12%升至2005年的15.96%,而未婚女性的比例则从1975年的4.32%升至2005年的7.25%。2019年,日本广播协会的调查显示,持"婚姻不是必要的"这一观点的人数已经接近调查总人数的70%,这是该调查25年来的最高纪录。同样,在关于"生育意愿"的调查中,有高达60%的人表示,"即便选择结婚,也不一定想要孩子"。这一现象的出现,与经济发展有密切相关性。日本社会物质生活的极大丰富,以及生活质量水平的不断提高,使得人们不再需要依赖家庭,就可以获得较高的生活水平,享受更多的个人空间,并有足够的时间和精力去充实自己的精神世界。例如,近年来在日本流行的"AI婚"(与机器人结婚)和"自己婚(自己与自己结婚)的方式,就是这一现象的体现。[1]

随着社会经济的发展和生活水平的提高,日本社会中的男性和女

---

[1] http://www.gender.go.jp/about_danjo/whitepaper/h27/zentai/html/zuhyo/zuhyo01-03-05.html.

性对婚姻的依赖度都降低了,越来越多的人选择了更为自由的生活方式。他们的生活更加独立,不再依赖婚姻和家庭,也不再把拥有子女视为生活的必要条件。相反,他们更倾向于享受单身生活所带来的个人空间和时间,发展个人兴趣,充实精神生活。这种变化也反映在一些新兴的生活方式上。这些都是人们追求个人自由和独立的表现形式。日本是一个文化上比较特殊的国家,因为二次元在日本的流行度非常高,除年龄比较小的孩子以外,年龄比较大的人也会喜欢二次元人物,甚至日本还开发出了虚拟人物偶像初音未来。在这种情况下,有很多男生喜欢初音未来这个人物,甚至还有人对她着迷到"入魔"的地步。例如宣布和初音未来结婚的日本男青年近藤显彦。近藤显彦花费了200万日元和虚拟偶像初音未来结婚,据日本媒体报道,当时参加他们婚礼的共有39人。此后在结婚纪念日、圣诞节等节点,他都因为和"妻子"共度而频上热搜。繁重的工作让初音未来成为近藤显彦唯一的精神依靠,所以在当初他才会突发奇想和初音未来结婚。当时近藤使用了相关服务,可以将初音未来投影并可以与之进行简单的对话互动。他还把大型实体的初音未来带在身边,拍摄了许多生活照片。

根据《日本经济新闻》的报道,虚拟偶像初音未来在2007—2012年间,激发了超过100亿日元的消费市场。在中国也拥有大批粉丝的初音未来,还曾进入淘宝直播间进行直播销售。她的成功也让人们看到了虚拟偶像直播的潜力,这可能成为下一个趋势。

中国的市场显然也对虚拟偶像的吸金能力有所察觉。虚拟偶像没有负面新闻,不需要紧急处理公关危机,是经纪公司的最佳选择。在中国,最知名的虚拟偶像无疑是洛天依。

从日本总务省的人口动态统计数据来看,1995年50岁以前未婚的女性有 1/20,2015 年后则是 1/7。另外,1995 年日本男性的初婚年龄是 28.5 岁,女性是 26.3 岁,2014—2019 年,男性初婚年龄增长到 31.2 岁,女性则是 29.6 岁。也就是女性在社会结构中的处境,可能会是其结婚与否的关键。

根据上述数据,我们可以观察到,20 世纪 90 年代的女性可能在大学毕业后的几年内就步入婚姻殿堂,然而现在更多的女性选择在快 30 岁时才结婚,她们更愿意在职场打拼。薪资、社会成就、个人职业规划等因素,成为女性决定是否结婚的重要考量点。[①]然而,反观这些思考,日本女性所面临的社会压力和个人自由的限制,也可能是她们回避婚姻的原因。

不仅仅是女性,日本国立社会保障和人口问题研究所的研究显示,很多男性选择保持单身的原因包括"生活自由""经济宽裕""无须承担养家糊口的责任"等。相比之下,已婚人士尤其是有孩子的人士,可能会面临育儿、教育费用、教育责任和家庭照顾等重大压力。这表明现代人更重视生活的自主性,尽管想要结婚,但实际上可能会遇到的社会压力和期待也是需要考虑的一方面。另外,受经济萎靡不振的影响,达到女性期望收入的男性越来越少。据统计,日本女性对于男性年收入的最低期望是 400 万日元,但是只有不到 30% 的合适婚龄男性能达到这个水平。就业环境的恶化和临时工作的增加,导致男女双方更难找到理想的伴侣,因此晚婚的趋势也在不断加剧。

经济压力对女性的生育观念产生了深远影响。以下是经济压力与女性生育观念之间的详细关系。一是财务负担:经济压力可能使女性

---

① 肖扬.日本政府为促进妇女就业采取的对策[J].中国妇运,2001(5):45-46.

担忧生育会加重家庭的财务负担。养育孩子需要支付教育费用、医疗费用、日常费用等,这些支出可能会对家庭经济造成压力。特别是在经济不景气或家庭收入不稳定的情况下,这种压力可能会更加明显。因此,财务负担可能会使女性在考虑生育问题时更加慎重。二是职业发展与收入:在追求职业发展和个人收入的同时,女性可能选择推迟生育甚至不生育。生育和养育需要投入大量的时间和精力,这可能会影响女性的职业发展和收入水平。这种情况在高度竞争的职场环境中尤为突出。因此,女性可能会在职业发展和生育之间做出权衡,这无疑会影响她们的生育观念。三是社会保障和福利政策:一些国家和地区提供了一系列的社会保障和福利政策,如产假、育儿津贴、托儿所补贴等。这些政策可以减轻女性的经济压力,提供经济支持和保障,从而对女性的生育观念产生积极的影响。然而,这些社会保障和福利政策的实施效果和覆盖范围在不同的国家和地区可能会有所不同,因此,其对女性的生育观念的影响也可能会有所差异。四是就业机会和工作稳定性:就业机会和工作稳定性对女性的生育观念也有影响。如果女性缺乏适当的就业机会或面临工作不稳定,她们可能担心生育会对就业产生负面影响,因此可能会选择推迟生育或不生育。这种情况在经济不景气或就业市场竞争激烈的环境中可能更为明显。五是家庭收入和生活水平:家庭的经济状况对女性的生育观念有重要影响。如果家庭收入较低或生活条件艰苦,女性可能会感到难以承担养育孩子的经济压力,因此可能会对生育持更为谨慎的态度。

需要强调的是,经济压力对女性生育观念的影响是复杂和多元的,因为每个女性都有自己独特的经济环境和价值观。一些女性可能会积极应对经济压力,认为生育是实现个人价值和幸福的一种方式;而其他女性可能会因为经济压力而选择推迟生育或者不生育。因此,社会和政府应该采取措施,如提供经济支持、优化福利政策、创建稳定的就业环境等,来减轻女性的经济压力,进而积极影响女性的生育观念。社会和政府可以通过以下方式减轻女性的经济压力。一是优化社会保障和福利政策:社会和政府可以通过提供更多的社会保障和福利政策,如更长的产假、更高的育儿津贴、更优质的托育服务等,来减轻女性的经济压力。这样,女性在考虑生育问题时,就不再需要过多地担忧经济问题。二是提供经济支援:社会和政府可以通过提供直接的经济支援,如生育补贴、低收入家庭补贴等,来帮助那些经济条件较差的女性减轻生育带来的经济压力。三是创造良好的就业环境:通过创造稳定的就业环境和提供充足的就业机会,女性的经济状况和职业发展将得到保障。这样,她们就可以在追求职业发展的同时,也能够实现生育的愿望。四是提高女性的经济地位:通过推动性别平等和更好地保障女性的权益,提高女性在社会、家庭和职场中的地位,也可以减轻她们的经济压力。五是提供教育和培训机会:通过提供教育和培训机会,可以帮助女性提升技能和职业竞争力,可以提高她们的收入水平,从而减轻经济压力。经济压力对女性生育观念的影响是一个复杂的社会现象,涉及众多因素。为了更好地理解和解决这个问题,我们需要从社会、经济、政策等多个方面进行考虑和研究。只有这样,我们才能够找到有效的解决方案来帮助女性应对经济压力,以更积极和健康的态度面对生育。

第四章　政府政策对女性生育观念的影响

国家政策对女性的生育观念的影响是复杂而多元的。不同国家和地区的生育政策具有不同的目标和实施方式,因此对女性生育观念的影响也各有差异。政策的灵活性、经济支持和社会文化因素的相互作用等都会对女性的生育决策和观念产生不同的作用和影响。

　　第一,国家生育政策对女性的生育观念具有重要作用和影响,具体表现在以下几个方面:(1)政策指引。国家的生育政策在塑造女性的生育观念方面起着关键作用。无论是鼓励还是限制生育,女性的生育决策都易受政策的影响。政策的引导和支持可能鼓励女性更加积极地生育,反之,限制生育的政策可能让她们选择延迟或减少生育。(2)社会期待和压力。国家生育政策的设定和实施可以影响社会对生育的观念和期待。这可能使女性在社会期待和政策导向的影响下调整自己的生育观念。政策的鼓励或限制可以塑造女性的生育决策,从而影响她们对生育的态度和意愿。(3)经济刺激和福利策略。通常,国家生育政策会伴随着一些经济刺激和福利策略。例如,提供产假、儿童津贴,或者建立托儿所等福利以减轻女性在生育和抚养孩子期间的经济压力,增加她们的生育动力。反之,一些限制生育的政策可能使女性担心其经济负担和就业机会,因此可能会对生育持谨慎态度。(4)教育推广和信息分享。通常,国家生育政策会通过教育推广和信息分享来影响女性的生育观念。政府可以通过教育系统、媒体等渠道传播生育政策的意义、目标和重要性,以引导女性形成积极的生育观念。政策推广中的信息和教育内容可以影响女性对生育的理解和态度。

第二,政府的社会福利政策在塑造女性的生育观念方面也发挥着重要作用,具体表现在以下几个方面:首先是经济援助。社会福利政策如生育津贴、育儿补贴等,能够缓解女性在孕育和抚养孩子期间的经济压力,从而鼓励她们选择生育。这些经济援助不仅能提供更好的生活环境,还能增强女性对育儿的信心和责任承担能力。其次是促进工作与家庭的平衡。社会福利政策中的工作家庭平衡方案,如灵活的工作时间和相应的政策措施,可帮助女性在职业和家庭之间找到平衡。这样的措施可以化解女性在职业发展和养育孩子之间的冲突,使她们更愿意生育。再次是教育和培训机会。社会福利政策可以通过提供教育和培训机会,增强女性的个人发展能力和职业竞争力,为她们在做出生育决策时提供更多选择。这种支持可以使女性在生育和职业发展之间做出权衡,从而影响她们的生育观念。最后是社会文化的认可。社会福利政策通过对生育的关注和认可,可使女性认识到生育的价值和重要性,从而增强她们的生育意愿和责任感。

因此,国家的社会福利政策从多个方面影响了女性的生育观念。除了提供经济援助、促进工作与家庭的平衡、提供教育和培训机会并给予社会认可外,为打算生育的家庭提供税收优惠等必要的经济支持可以在一定程度上降低做出二孩或三孩生育决策时的机会成本,进而提高育龄女性再次生育的意愿。社会福利政策提供了必要的支持和资源,有助于激励女性更积极地参与生育。这些社会福利政策的执行能改变女性对生育的态度和意愿,从而影响她们的生育决策。根据赫兹伯格的双因素理论,改进刺激因素而非保障因素更有助于提升目标意愿。由此可见,经济支持可以视为激励因素的有效手段,能显著提高育龄女性首次和再次生育的意愿,确保当前生育政策的执行效果。

第三,社会保障政策对于女性的生育观念具有广泛的影响。其一,生育津贴等提供了女性在生育和抚养孩子期间的经济支持,减轻了她们的经济压力,从而鼓励她们选择生育。产假也为女性提供了足够的时间照顾幼儿,有助于平衡家庭和职业生活。此外,这些政策也鼓励父母共同分担育儿责任,推动了家庭角色的平等分工。这些政策的实施使女性更有可能回归工作岗位,进一步提高了女性的劳动力市场参与率,有助于推动女性实现经济独立,提高家庭收入。生育津贴和产假政策显示了国家对生育和家庭的支持,有助于营造一个更友好和鼓励生育的社会环境。其二,社会保障体系中的托儿所和幼儿教育设施为女性提供了安全、优质的育儿环境。这些设施的可得性和质量减少了女性在职业发展和生育之间的冲突,使她们更愿意选择生育。有了托儿所和幼儿教育设施,母亲可以继续工作,无须全职照顾孩子。当女性有机会参与劳动力市场时,家庭收入通常会更高,这有助于提供更好的家庭经济基础,使养育孩子变得更容易。对于那些希望在事业稳定后再考虑生育的女性,托儿所和幼儿教育设施提升了延迟生育年龄的机会。这种延迟可能有助于提升生育时机的合理性和经济准备。①其三,社会保障体系中的医疗保健和孕产妇保健服务对女性的生育观念也有重要的影响。提供优质的医疗保健和孕产妇保健服务可以增强女性在生育

---

① 陈友华.中国生育政策调整问题研究[J].人口研究,1999(6):21-27.

过程中的安全感和信心,减少她们对生育的担忧。医疗保健体系和孕产妇保健计划提供了对女性生育过程中的健康干预,包括孕前的健康评估、妊娠期的定期检查、产前筛查、营养指导等。这些都有助于降低孕期和分娩期的风险,提高母婴的健康状况。通过提供及时的医疗干预和监测,孕产妇保健可以减少孕产妇和新生儿的潜在健康问题,从而增强女性对生育的积极态度。其四,退休金和养老保障系统为女性提供了在老年时期的经济安全感。这种安全感可能会影响她们的生育观念和决策。如果一个国家或地区的养老保障体系健全,女性可能会有更高的生育意愿,因为她们知道自己在老年时期将会得到足够的经济支持。而在那些缺乏养老保障的地方,女性可能会选择生育更多的孩子,以便依靠孩子们为老年的自己提供支持。其五,社会保障政策中的性别平等政策对女性的生育观念也具有重要影响。这些政策包括保障女性在教育、就业和社会参与等方面的平等权利。性别平等政策有助于提高女性的社会地位和经济独立性,使她们在决定是否生育以及生育多少孩子时有更多的选择权。性别平等政策还鼓励男性在家庭生活和育儿中承担更多责任,从而减轻了女性的生育压力。其六,政府的家庭政策,如税收优惠、住房补贴、教育补贴等,也能够影响女性的生育观念。这些政策可以减轻家庭的经济压力,使得生育和抚养孩子成为一种更可行和经济上更可承受的选择。

通过提供生育政策、社会福利政策、社会保障政策等政策支持和保障,政府可以营造一个鼓励生育和支持家庭的社会环境,从而影响女性的生育观念和生育行为。

▶ 第一节 生育政策对女性生育观念的影响

自中国政府实施三孩生育政策以来,为了鼓励生育并减轻家庭的生育压力,各地也积极出台相应的政策,尤其是延长女性产假的政策。这一政策的实施,无疑为女性提供了更为充裕的休养时间,有助于保障女性的健康,同时也为新生儿的护理和照顾提供了更为充足的时间。不仅如此,为了进一步充实家庭抚养新生儿的人力资源,我国已有多个省(区、市)推出了男性护理假政策。这一政策的出台,旨在鼓励男性积极参与新生儿的护理工作,减轻女性的负担,同时也有助于让父亲们更好地参与孩子的成长过程,构建和谐的家庭环境。男性护理假的推出,体现了国家对性别平等的重视,也表达了对现代家庭观念的推崇。这不仅有助于改变传统的性别角色定位,也有助于整个社会氛围的改善,使男性有更多的机会参与家庭生活,体验和享受父爱的乐趣。同时,这些措施也体现了国家对人口政策调整的积极响应,以及对家庭生育压力的关切。随着社会经济的发展和人口老龄化的加剧,鼓励生育,尤其是提供更为人性化和全面的生育保障政策,已经成为我国当前人口政策的重要组成部分。延长产假和护理假的政策带来了显著的社会和家庭效益,同时也带来了一些挑战。例如,企业可能需要承担更长时间的产假和护理假成本,这可能会对一些中小企业构成压力。因此,如何平衡企业的成本压力和员工福利,将是下一步政策制定和实施中需要思考的问题。

三孩生育政策的推行及其配套的各地政策,包括女性产假延长和男性护理假的实施,无疑是我国人口政策的重大调整,也积极推动了现代家庭观念的发展。这些政策旨在照顾到每一个家庭、每一个生命,为构建和谐社会、促进人口健康发展,提供了重要的政策保障。

一、中国生育政策梳理

20世纪50—70年代,中国面临着人口过剩和资源短缺的挑战。为了解决这个问题,政府实行了计划生育政策,主要通过鼓励晚婚晚育、控制生育率的方式来控制人口增长。政府提出"晚婚晚育、少生优生"的理念,希望通过这种方式平衡人口和资源。然而,1979—2015年,中国的人口问题变得更为复杂。为了进一步控制人口增长并缓解社会经济压力,中国开始实施一孩政策。一孩政策在一定程度上减缓了人口的增长,但也带来了一系列新的问题,包括人口老龄化和性别比例失衡。为了应对这些新的挑战,2016年中国政府开始放宽生育政策,推行全面二孩政策,以及现在实行的全面三孩政策。这项政策允许符合条件的夫妻生育第三个孩子,以此来应对人口老龄化问题,提高出生率,并增加劳动力供给。在整个计划生育政策的实施过程中,我们可以看到,政策的目标并不仅仅是控制人口增长,还包括改变传统的生育文化,推动性别平等,以及解决人口老龄化问题等。

因此,我们必须认识到,生育政策的实施并非简单的数量控制,而应该是一个全面考虑人口结构、性别平等、文化需求、社会经济压力等多种因素的复杂过程。在这个过程中,我们需要不断地调整和完善政策,以实现更为协调和平衡的人口发展。由于原先的一孩政策的执行深深影响了20世纪的几代人,而许多独生子女现在已经进入了结婚或者配偶选择阶段,有关研究发现这一政策对他们的生育观念的影响被大大低估了,生育一孩的观念已经深入整整几代人的心灵深处。计划生育政策在农村和城市的实施情况不同,因此,农村和城市的独生子女比例存在显著差异。到1995年时,城市的独生子女已经占到了大约2/3,而农村的独生子女虽然比例较小,但由于我国80%的人口居住在农村,所以在数量上并不少。①从2000年开始,我国开始逐步放松对生育行为的限制,以提高人口数量和质量。2000年,中共中央和国务院颁布了《关于加强人口与计划生育工作稳定低生育水平的决定》,强调需要控制人口数量,稳定现有的生育水平,并实现人口从数量转向质量的转变。2001年通过的《人口与计划生育法》将我国的计划生育政策正式纳入法律,提倡一对夫妻生育一个子女,同时也规定了在符合法律和法规规定的条件下可以生育第二个子女。各省(区、市)的人口与计划生育条例逐步将允许双独家庭、农村地区独女户和少数民族生育二孩纳入政策。

　　然而,这些政策并未引发预期中的生育反弹。2012年底,我国的劳动力人口首次出现下降,60岁以上的老年人口占比接近总人口的15%。因此,2013年我国出台了《关于调整完善生育政策的决议》和《关于调整完善生育政策的意见》,开始实施单独二孩政策。2015年修订的《人口与计划生育法》进一步规定了国家提倡一对夫妻生育两个子女,即全面

---

① 尹豪.人口学导论[M].北京:中国人口出版社,2006:108.

二孩政策,然而,虽然这些政策带来了一波因政策调整而积存的生育小高峰,但这种生育堆积效应并未持久。根据2021年公布的第七次人口普查数据,我国的少子化问题日益严重,2020年的出生人口仅为1200万,总和生育率下降到1.3。因此,2021年国家颁布了《中共中央 国务院关于优化生育政策促进人口长期均衡发展的决定》,这标志着我国三孩政策的正式出台。

二、我国的生育支持政策

进入21世纪后,中国的出生率整体上呈现出下滑的态势,即便存在短暂的增长,也并未改变长期下降的趋势。为了刺激群众的生育意愿和行动,政府推出了针对个人和家庭的积极生育支持政策,具体包括以下几个方面:

首先,推动完善孕产妇和婴幼儿的健康保障制度。2017年,《中华人民共和国母婴保健法》和《国家基本公共卫生服务规范》进行了修订。这些修订法规规定,县级妇幼保健计划生育服务中心应为其辖区内的常住孕产妇提供孕早期、孕中期、孕晚期的健康管理、产后访视、产后42天健康检查等免费服务。同时,这些法规还规定了0—6岁的儿童可以免费接受建立儿童健康手册、新生儿访视、生长发育监测、常见疾病预防等健康管理服务,并免费接种12种国家一类疫苗等,这些都被纳入了基本公共卫生服务的范畴。2018—2019年,中国政府扩大了生育保险的覆盖面,包括将符合条件的农村妇女的住院分娩医疗费用纳入城乡居民基本医疗保障支付范围,以及通过结合生育保险和职工基本医疗保险来进一步提高保障水平。①2021年,政府发布了《关于优化生育政策促进人口长期均衡发展的决定》和《中国儿童发展纲要(2021—2030年)》。这两份文件提出了保障孕产妇健康、预防和控制出生缺陷的具体措施,包括实施出生缺陷三级防治措施,扩大新生儿疾病筛选范围等。为了保护女性的生理健康和安全,《女职工劳动保护特别规定》和《妇女权益保障法》规定了女性在孕期、产期和哺乳期禁止从事的工作类型。在辅助生育技术方面,2015年颁布的《人类辅助生殖技术配置规划指导原则》和《关于规范人类辅助生殖技术与人类精子库审批的补充规定》提出了公正和具体的技术和伦理要求。为了规范辅助生殖技术服务市场秩序,多个部门发布了《关于建立查处违法违规应用人类辅助生殖技术长效工作机制的通知》。2020年,政府进一步发布了《辅助生殖技术随机抽查办法》等,规定了对辅助生殖机构和医护人员的监督行为,增加了对违法违规行为的惩罚力度。在经济补偿方面,中国政府逐步完善了生育的经济补偿制度,包括生育保险、生育津贴和税收优惠等措施。

《劳动法》第七十条确立了社会保险制度的基础,要求设立社会保险基金,以便劳动者在年老、患病、工伤、失业、生育等情况下获得帮助和补偿。各地的生育保险政策有所不同,主要包括生育医疗费用和生育津贴两部分。生育医疗费用包括分娩费用报销、流产补贴费用以及计划生育手术费用等。生育津贴是法律规定的,用以补偿在孕产期间暂时离岗的女性的工资和生活费用,包括生活津贴、一次性分娩营养补

---

① 闫玉,马学礼.生育率下降与婚姻伦理观念的变革[J].社会科学战线,2014(2):178-181.

助费等。根据《社会保险法》和《女职工劳动保护特别规定》，参加生育保险的女性在产假期间的工资由生育保险基金支付，而未参加生育保险的女性则由雇主支付。我国的相关法规，如《社会保险法》《女职工劳动保护特别规定》和《人口与计划生育法》等，对夫妻双方的生育假期待遇，一般都只做"工资照发，待遇不变"的原则性规定。在税收优惠方面，2018年的新税法规定，子女教育费用可以有1000元的个税抵扣，2022年又将0—3岁的托育费纳入个税抵扣范围，这对于减轻育儿负担有积极作用。在托育服务方面，政府出台了一系列政策，如《关于促进3岁以下婴幼儿照护服务发展的指导意见》《支持社会力量发展普惠托育服务专项行动实施方案》和《关于促进养老托育服务健康发展的意见》等，以提升0—3岁儿童托育服务的水平和覆盖面。在女性工作场所设施改善方面，政府也出台了一系列规定、意见，如2012年的《女职工劳动保护特别规定》和2016年的《关于加快推进母婴设施建设的指导意见》，要求在女性职工占比较多的企事业单位设置母婴设施，如女职工卫生室、孕妇休息室、哺乳室等。

在保障女性平等就业方面，除了提供生育保护，我国还在就业方面对女性提供保护，这主要包括确保女性公平就业和产后再就业两个方面的制度安排。

其次，为了帮助女性应对在求职或复职后遇到的挑战，我国发布了一系列法律法规来保障女性的就业权益。这些法律法规包括《劳动法》《就业促进法》《妇女权益保障法》和《劳动合同法》等。《劳动法》第三条明确指出，劳动者有平等就业和选择职业的权利，有权获得劳动报酬、享受休息休假，有权接受职业技能培训，享有劳动安全卫生保护和社会保险与福利，以及提请劳动争议处理和法律规定的其他劳动权利。《就业促进法》第三条规定,劳动者依法享有平等就业和自主选择职业的权利。《妇女权益保障法》和《人力资源社会保障部、教育部等九部门关于进一步规范招聘行为促进妇女就业的通知》都明确规定,不得因性别原因拒收女性求职者,且不得询问女性求职者的婚育状况。此外,企业在进行招聘时,在入职体检、录用条件和录用标准等方面不应对女性有任何歧视性要求。

　　中国的多项法律和法规包括《劳动合同法》《妇女权益保障法》和《女职工劳动保护特别规定》等,都对保护女性在产后再就业方面做出了明确的规定。这些规定明确禁止因为女性的生育情况而解雇或降低其工资。例如,《妇女权益保障法》第二十七条中规定,任何单位不得因女职工的结婚、怀孕、产假、哺乳等情况,降低其工资、解雇她们,或者单方解除劳动(聘用)合同或服务协议。《女职工劳动保护特别规定》第五条也规定,用人单位不能因为女性职工怀孕、生育、哺乳降低其工资、解雇她们或与其解除劳动或聘用合同。①这些规定保护了女性的就业和生育权利,避免了她们因生育而面临就业困境。随着女性大量进入就业市场,她们的时间更多地被工作占据,这成为女性低生育行为的一个重要原因。为了缓解女性在工作和生育之间的时间冲突,以及为了给女性提供更好的生育保障,我国的生育政策也在不断完善女性的生育休假制度。现阶段,中国的女性生育相关休假制度包括产假、陪产假和育儿假。产假是指在职女性在生产期前后的休假待遇。《妇女权益保障法》和《母乳喂养促进行动计划(2021—2025年)》等法律、文件对此都有明确规定。例如,《劳动法》第六十二条规定,女职工生育享受不少于90

---

① 卜长莉.社会资本与社会和谐[M].北京:社会科学文献出版社,2005:36-39.

天的产假。《女职工劳动保护特别规定》第七条规定：女职工生育享受98天的产假，其中产前可以休假15天；难产的，增加产假15天；生育多胞胎的，每多生育1个婴儿，增加产假15天。如果女职工怀孕未满4个月流产，享受15天产假；怀孕满4个月流产，享受42天产假。

育儿假在欧洲很常见，享有这项福利的父母需要工作满一定年限，不同国家的育儿假期限有所不同，包括有薪育儿假和无薪育儿假。在最新的生育政策调整之后，2019年5月9日，中国国务院发布了《关于促进3岁以下婴幼儿照护服务发展的指导意见》，鼓励试行育儿假。《中华人民共和国国民经济和社会发展第十四个五年规划和2035年远景目标纲要》提到"探索实施父母育儿假"。2021年6月公布的《中共中央 国务院关于优化生育政策促进人口长期均衡发展的决定》中，进一步明确了"支持有条件的地方开展父母育儿假试点"。

中国的各个省（区、市）都在其人口和计划生育条例中规定了在国家法定生育假期基础上，将产假延长30天至3个月。此外，《女职工劳动保护特别规定》还特别提到了"三期保护"，这意味着雇主需要为孕期女员工减轻工作负担，缩短工作时间，以及为怀孕7个月以上的女员工在工作时间内提供休息和产前检查时间。该规定还规定，为哺乳期妇女在工作时间内安排1小时的哺乳时间，如果有多个婴儿，则"每增加1个婴儿每天增加1小时哺乳时间"。陪产假（也被称为"看护假"或"陪护假"）是指对于已经合法登记结婚的夫妇，在女方享受产假期间，男方有权享受一段看护和照料对方的时间。中国对男性的陪产假的规定相对较晚，目前还没有出台相关的政策。然而，《人口与计划生育法》的第二十五条规定："符合法律、法规规定生育子女的夫妻，可以获得延长生育假的奖励或者其他福利待遇。"目前，全国大部分省（区、市）的人口与计划生育条例都增加了对育儿假的规定,规定雇主每年给予3周岁以下婴幼儿的父母各自5—10天的育儿假,晚婚晚育的可以延长至10天。陕西省将育儿假提高到了30天,并且多子女家庭可以叠加使用。

婴幼儿托育服务和生育补贴政策逐步得到实施和落实。中国在婴幼儿托育服务方面的发展经历了几个不同的阶段。在计划经济时期,我国的托育服务呈现了"去家庭化"的特征,由国家来负责提供托育服务,但这主要针对的是单位的员工。随着改革开放的到来,我国开始走向市场化的托育服务,将抚育的责任重新归还给家庭。

进入21世纪,随着我国社会经济的进一步发展,女性劳动力的参与、出生率的持续下降以及家庭功能的逐渐减弱,婴幼儿照护在家庭中的难题越来越突出。因此,幼儿托育问题再次成为国家政策的重要话题。在"十四五"规划中,我国明确表示,要发展普惠托育服务体系。在2022年的政府工作报告中,也提到了要完善三孩生育政策的配套措施,通过多种方式增加普惠性的学前教育资源。在当前的生育休假制度中,我们发现农村的女性劳动者并没有被包含在这一政策之中,这无疑限制了该政策在提升农村女性的生育意愿方面的效果。然而,即使是政策的主要目标群体——城市中的女性职工,她们的生育意愿同样并没有因为政策的实施而得到增强,这种现象背后的原因值得我们重视:首先,现行的政策主要是将产假时间延长,而男性的陪产假却相对较短,这在一定程度上加重了女性在抚育婴儿方面的责任。这种情况也使得女性需要在职场上缺席更长的时间,从而加大了她们的职业成本,例如失去了晋升的机会,甚至可能因为生育而失去工作。其次,虽然我国已经出台了一些保护女性就业的法律,但由于这些法律规定女性因生育而中断职业的损失主要由雇主承担,这可能导致雇主在招聘时更倾向于男性。因此,在实际生活中,我们仍然可以看到一些变相的性别歧视,很多机构可能会以未能完成合同工作量为由解雇生育的女员工。比如现在高校中普遍存在的"非升即走"制度,如果教师不能在规定的时间内完成一定量的科研工作,她可能会被解雇。在这种高压的工作环境下,许多女性教师可能会选择不生育或者少生育。最后,对于那些因为生育而中断职业、想要重新就业的女性来说,由于需要照顾家庭和接送孩子上下学,她们往往无法从事全职或者工作强度大的工作,所以她们更难找到适合的工作。由此可见,如果我们没有对城市职业女性的就业进行充分的保护,单纯地延长产假时间可能反而会降低她们的生育意愿。

在实际执行中发现,生育津贴对于提高农村女性的生育意愿具有较大的影响力。然而,当前的生育津贴体系主要针对有社保的女性职工,这意味着大部分农村女性并不能从中受益。在城市,虽然女性职工可以获得生育津贴,但她们的生育意愿仍然较低。这主要是因为国家目前的生育津贴和分娩报销等财政补助力度较小,并且是一次性的,无法形成持久的支持。对于城市中的育龄女性来说,这些措施可能解决了她们在生育环节的经济问题,但生育涵盖的不仅仅是"生"这个环节,更重要的是"育"。由于城市的生活和育儿成本较高,城市育龄女性在考虑生育时,需要更多地考虑孩子出生后的抚养和教育成本。这使得生育津贴对于提高城市女性的生育意愿的效果有限。各省(区、市)可以根据当地的经济社会发展水平和财政能力,制定合理的补助标准,按月支付给二孩和三孩家庭,补助时限从二孩或三孩出生开始到某一年龄段结束。具体细则应在进一步研究后确定。这样做的目的是给予生育二孩或三孩的家庭一定的经济援助,并向全社会传达国家鼓励二孩和三孩生育的积极态度。另外,应改进生育保险等相关政策,以降低二孩和三孩家庭在生育和养育过程中的开销。目前,生育成本过高是影响育龄女性生育二孩或三孩意愿的一个重要因素。按照当前的政策规定,只有那些为职工累计缴费超过一年,并且继续为其缴费的用人单位的员工才能享受生育保险,这意味着没有固定工作、务农、全职妈妈等大部分育龄女性无法享受生育保险。因此,我们应当进一步改善生育保险制度,为女性在生育过程中提供更多的经济支持。具体而言,从准备怀孕开始,直到孩子能够在家中养育,所有生育女性在产检、住院、手术、术后恢复等各个环节产生的费用,以及相关药品费用,都应全额纳入医保报销范围。此外,早产儿和其他需要在出生后住院治疗的新生儿的全部医疗费用也应纳入医保报销范围。

影响城市育龄女性生育意愿的因素不仅仅是经济压力,还包括抚养孩子的压力。她们对托育服务有着巨大的需求。单纯的经济补贴不能解决城市女性面临的育儿压力。因此,对于城市育龄女性来说,将经济补贴转化为高质的公共服务,如托育服务,可能比单纯的经济补助更有效。换言之,生育津贴虽然能够缓解农村女性的生育经济压力,但对于城市女性而言,其生育意愿受到的影响因素更为复杂。

三、日本的生育支持政策

日本的生育支持政策主要涵盖家庭援助、医疗福利和教育福利三个方面。

首先,在家庭援助方面,日本政府为每个孩子设置了一系列的补贴、津贴或税收抵免措施。例如:出生一次性补贴为每个孩子提供42万日元;儿童津贴每月为0—3岁的孩子提供1.5万日元,为3岁以上的孩子提供1万日元;新婚家庭生活补贴(新婚夫妇住宅支援制度)为每个新婚家庭提供30万—60万日元,用于购买或租赁住房;不孕治疗补贴为每对夫妻提供最高150万日元,用于支付辅助生殖等费用;分娩费用可用于抵税,每对夫妻可以把分娩费用直接抵扣个人所得税的征收部分。这些政策在经济上减轻了日本人生育和抚养子女的压力,也让他们更有信心去做出生育决定和选择生育的时机。

其次,在医疗福利方面,日本政府为有医疗保险或符合条件的父母提供了一系列的医疗服务和补贴。例如:孕期检查、药品、超声波等费用都可以由医疗保险支付;生产费用包括自然生产或剖宫产费用、医生费用、新生儿护理费用等也可由医疗保险支付;产后检查、母乳喂养咨询、泵奶器租赁等费用也可以由医疗保险支付。如果没有医疗保险或收入低于一定水平,可以申请国民健康保险,享受免费或低价的医疗服务。6周岁以下的孩子看病,家长最多只需要支付20%的费用,其余80%的费用由当地政府报销。①这些政策在健康方面保障了日本人及其子女的福利,并在医疗方面帮助他们避免了高额的支出和风险。

总的来说,日本的生育支持政策通过家庭援助和医疗福利的方式,对日本人在经济、健康和心理上的压力进行了有效的缓解,从而鼓励他们生育。

最后,在教育福利方面,日本政府为孩子的父母提供了一定期限的带薪产假和育儿假,以及免费或低成本的教育服务。第一,日本政府确

---

① 山田昌弘.希望格差社会:「負け組」の絶望感が日本を引き裂く[M].東京:筑摩書房,2004:85-93.

保父母在孩子出生前后的98天内享有带薪休假,并保证他们原有的职位不受影响。在此期间,孕(产)妇可以领取相当于正常工资的67%的产假补助金。第二,日本政府还为父母提供了带薪育儿假,直到孩子满1岁,并保证他们原有的职位不受影响。在育儿假期间,父母可以领取相当于正常工资的67%(前6个月)或50%(6个月后)的育儿假补助金。第三,在教育服务方面,日本政府为小学和中学生提供义务教育,学费全免,学生只需支付课本费等其他费用。幼儿园教育也是免费的,只需要支付餐费等。①总的来说,日本的这些政策不仅帮助父母在时间上更好地平衡工作与家庭的关系,同时也为他们的子女提供了更多的教育机会和更高质量的教育资源。

　　虽然有这样那样的支持政策,但日本的很多年轻人仍然选择单身或者"丁克"生活。笔者曾在日本街头随机采访一个年轻女性,她说:"我即使不当妈妈,也能通过一个方法感受到当妈妈的窒息。特别是早晨赶早高峰去上班的时候,相信大家都看过日本的电车拥挤情况,车站工作人员会推着你的后背帮助你上车。你只能听见车内的广播和电车的咣当咣当声。即使是在最繁华的东京和大阪,基本也是这种情况。偶尔会碰到一个带着孩子的妈妈在车上,因为车上人特别多,很拥挤,所以有些认生的孩子很快就会闹别扭从而大哭起来。当然,有些人可能会说,带孩子的妈妈不坐早班车不就没事了吗?是的,的确如此,但是每个人都有不得已的时候。孩子哭的时候,会有很多人投来异样的目光。当然这个时候基本上所有的母亲都会拼命地哄孩子,让孩子停止哭泣,但不是所有的孩子都能立刻停止哭泣的,有些孩子就是不停地

① 丁英顺.日本应对低生育政策再探讨[J].东北亚学刊,2019(2):133-143.

哭,而且哭声还会越来越大,这个时候电车内的空气会降到冰点,没有人会伸出援助之手,有的人会不满地瞥几眼,有的人会对着孩子叹气,有的人会不满地咂舌。他们就好像在对孩子的妈妈说,你是怎么当妈的,简直就是一个不合格的妈妈,连自己的孩子都教不好,太没有教养了。所以我能感觉到那个沉默的空气里充斥着谴责和不满。妈妈在拼命地哄孩子,间或不停地向周围的人道歉,甚至感觉她都要急得哭出来了。所以看到那个场合,我觉得我还是不能要孩子,这太让人绝望了。因为周围的人的目光和气氛,无形中让妈妈感觉卑微到了极点,所以当我想要孩子的时候,只要一想起来这个妈妈的情景,我就打消了这个念头。"而采访的一个不找男朋友的高学历白领女性,她的生活状态是这样的:赚的钱全花在自己身上,夜生活也很精致。她的时间路线基本是,下午5点30分下班回到家中,先洗手,然后到衣帽间卸妆,减少化妆品留在脸上的时间,然后去厨房准备自己喜欢的晚餐,她最喜欢吃生鱼片,哪怕是比较贵的高品质的生鱼片,她也不会在意那么多,因为她是公司的管理层,每个月的收入是60万日元左右。虽然不能说她属于高收入人群,但这个收入对一个人生活来说绰绰有余。对于她这样的单身人士来说,食物非常重要,所以她很愿意把时间花在美食上。酒足饭饱之后,她会去卫生间泡澡,但她和大部分女生泡澡不同,她会利用这个时间处理很多事情,当然大部分是和皮肤保养护理相关。她会对身体进行全方位的护理,用各种美白补水保湿的护肤品,无论是头发还是肌肤,每一个部位每一个细节她都不会疏忽。泡完澡护完肤之后,她会在客厅刷一下手机,然后回房间躺在床上,做舒缓身体的运动,晚上12点前睡觉。她认为这就是她的优质单身生活。这2个例子在很大程度上说明了在21世纪日本"低欲望社会"中女性对待结婚和生育的一种代表性态度。

为了增加年轻人间的交往机会,日本政府引入了"AI婚恋活动"服务。这个服务帮助地方政府采用AI技术,为那些寻找伴侣困难的人提供"高科技智能匹配"。根据政府的初步研究,这种方法是一种全新且精确的方式,可以让寻求结婚的日本民众更快、更精确地找到合适的伴侣。政府的计划目标不仅是提高日本当前的结婚率,还希望通过鼓励已婚夫妇生育,最终解决日本正在面临的人口减少问题。然而"AI婚恋活动"的构思曝光后,引起了社会正反两方面的激烈争论。对于这个方案日本社会提出了众多指向性的诘问,例如,日本内阁提出的"AI婚恋活动"究竟是怎么样一个"AI法"? 在社会早已有AI配对交友和婚恋活动服务之下,为何还需要花将近20亿日元来进行官方推动? 而官方设想的"结婚下一步直接就是生孩子",这种宛如昭和旧思维的逻辑,又怎么能对少子化的问题对症下药? 在"AI就是潮"的当今,从近期报道也不难看出,日本内阁的"AI婚恋活动"的理想,仍旧表达得有些模棱两可。日本内阁表示,希望通过"AI婚恋活动"来支援男女媒合,借助AI之力,将年龄、学历、年收入、兴趣或价值观等进行有效配对,企图提升男女约会进而结婚的愿景。但是,就像电视连续剧《我选择了不结婚》一样,39岁的女主人公说:"我根本不可能和比自己小的男人恋爱,因为对方就好像是家里办法事的时候偶尔见几次的堂弟一样;但是和年长的人结婚又比较难对付;同龄人又怎么也遇不到,根本没有会喜欢的人。"而当她鼓起勇气来到婚姻介绍所的时候,那里的工作人员却说:"非常抱歉。请看这份国内调查资料,35—39岁女性在5年之内结婚的比例只有2%。虽然本公司也引进了婚恋配对系统,但是34岁以上的女性在这里首先就被排除了,女性选择男性的时候最大的着眼点是年收入,而男性选择女性的时候首先看到的则是年龄,三四十岁的男性想找20多岁的女性,五六十岁的男性则会希望找35岁以下的女性,因此这种情况下总也碰撞不到一起。"于是工作人员推荐女主人公先参加一下婚介公司自己举办的征婚聚会,但是他又说,比起美丽的40岁女性,还是相貌平平的20岁的女性更受青睐,比起事业成功的女性,还是从事平凡工作的更受青睐,这就是如今的征婚市场状况。

实际上,日本已经有超过10个县引入了AI系统。例如,埼玉县在2018年有大约1500万人使用了AI系统,而在2019年,在38对成功结婚的例子中,超过21对是使用AI提案成功的案例。因此,在这个背景下,政府计划在预算中拨出一笔款项,作为"地方少子化对策重点推进交付金",以支持"AI婚恋活动",期望解决少子化问题。当然,这个逻辑的前提是政府似乎仍然认为"少子化"现象是由低结婚率和晚婚造成的。

随着社会文化的变迁,如就业市场的高流动性(如临时工的增加)、职场压力、职场性骚扰等因素,人们寻找未来伴侣的渠道开始扩大,也有越来越多的人希望通过外部的婚姻介绍机构来实现结婚的愿望。[①]

日本的结婚高峰期大约是在婴儿潮一代,然后从20世纪80年代开始结婚人数逐渐下降,这与日本的泡沫经济破灭、失业以及各种社会压力有关。根据2019年日本总务省公布的人口动态统计数据,当年的婚姻案例数量为598965对,这几乎只是1972年数量的一半。然而,能否结婚和想不想结婚在本质上还是有很大的差异的。例如,根据2014年日本内阁的统计,想要结婚的男女总比例为68.1%,其中,想要结婚的男性占72.1%,女性占65.2%。因此,尽管实际结婚的人数在逐年减少,但

---

① 山田昌弘,胡澎.少子化问题的亚洲特征:日本与欧美比较的视角[J].日本学刊,2019(2):87-97.

结婚的意愿仍然存在,关键在于是否有适当的媒介来促成他们的婚姻。日本政府提出的"AI婚恋活动"引发了网络热议。有网友表示"这很像玩游戏""这是未来世界的感觉""这是要跟AI结婚吗"。这些说法都反映出,还是有很多人不了解"AI婚恋活动"究竟是什么。对于通过AI来进行各式条件的匹配,其实民间婚配团体、公司行之有年,也有可以直接认识异性的"相席屋"之类的餐厅。只是过去用人工筛选合适的匹配对象,现在改用AI和大数据来进行。比如近年来流行的交友软件,价格是婚介公司的一半,也不受时间、地点等的限制,想认识朋友的话只要有个手机就能开始。但"挂羊头卖狗肉"、假造身份资料或收入,或是长相修图美颜,也是交友软件让人诟病之处。当然,需要指出的是,"AI婚恋活动"是以"结婚为前提的交友",交友软件使用者的目的很复杂,对有单纯结婚需求的使用者而言,有时也并非最佳选择。

▶第二节　教育政策对女性生育观念的影响

教育政策在提升女性生育观念方面也起着非常重要的作用。教育政策可以培养女性的独立思考和决策能力,使她们能够更加理性地考虑生育问题。教育政策在塑造女性生育观念方面起着至关重要的作用。这一影响主要体现在以下几个层面:首先,教育政策通过提升女性的教育水平,间接地影响了女性的生育观念。实施良好的教育政策可以提高女性的教育水平,受过良好教育的女性虽然会更加注重自身的职业发展和个人目标的实现,但也不代表她们一定会选择推迟生育或减少生育的次数,实际上,生育与否是一个各种复杂因素影响的随机结果。随着受教育程度的提高,女性的生育观念也逐渐发生了改变。其次,教育政策通过推广性教育和生育知识,提高了女性对生育的认知水平。这些知识的传播使女性能够更理性地看待生育,同时也让她们了解到,除了生育,还有其他的生活方式可以选择。再次,教育政策通过提供更多的职业规划和就业机会,影响了女性的生育观念。随着就业机会的增多和经济独立性的提高,女性的生育观念也在潜移默化中发生了改变。她们开始更加重视个人职业发展,可能会选择推迟生育,以便有更多的时间和精力投入到职业生涯中。最后,教育政策通过培养女性的自我意识和价值观,使女性在生育决策中有了更大的话语权。

教育让女性更清楚地认识到自己的权利和价值,增强了她们的自信心和自主性。这使得女性在面对生育问题时能够更加理性,而不是被传统观念或他人的意愿所左右。教育政策对女性生育观念的影响是全方位的。通过不断提高教育水平、普及生育知识、增加就业机会以及培养自我意识和价值观,教育政策正在推动女性生育观念的改变。这种改变不仅有利于女性的个人发展,也有利于社会的多元化和进步。

作为家庭教育的主要负责人,育龄女性在面对高昂的教育支出和优质教育资源不足的压力下,自然会降低生育意愿。为了解决这个问题,国家可以通过扩大学校教育的范围和内容,优化教育资源的供应和分配等各种措施来降低家庭教育支出,推进教育公平,以此减轻育龄女性在子女教育上的各种压力。

首先,国家可以通过扩大学校教育的范围和内容来满足学生的多元化需求。例如,学校可以利用其现有的资源,开设更多的兴趣课程和实践课程,如艺术和实验类课程,以满足学生的个性化需求。这些课程可以兴趣班的形式开设,费用按照当地教育部门的规定收取,以保证所有学生公平享受优质教育资源。对于学校无法提供的课程,可以由地方教育主管部门统筹,集中使用地方资源来满足学生的需求。这样可以减少家长,尤其是女性家长的时间、精力和经济压力,从而降低教育对女性生育意愿的影响。

其次,我们需要调整学生的上学和放学时间,以适应父母的工作时间。理想的时间安排应该是学生的上学时间在父母上班时间之前,而放学时间在父母下班时间之后。同时,可以考虑在学校引入午休托管制度,以确保学生有足够的休息时间。另外,学校应该在周末和寒暑假期间提供额外的教育资源。例如,学校可以在这些时间开放图书馆、体育馆和实验室,并安排教师进行监督。这样不仅可以提供更多的学习机会,也可以降低父母的压力,使他们不必担心孩子独自在家。我们还可以通过减少教师参与非教学活动的次数,以确保他们可以专注于教学工作,而大量非教学工作可以由其他非教职人员来完成。

最后,我们需要考虑如何改善婴幼儿照料的问题,特别是对于那些家庭中有2个或3个孩子的家庭。由于目前托幼机构数量不足、服务质量参差不齐,许多家庭面临需要选择放弃工作或放弃生育更多孩子的困境。为了解决这个问题,国家可以通过提高优生优育服务的质量,发展更多的公益托育服务,以及建立更完善的婴幼儿照料体系来帮助这些家庭。这将有助于提高育龄女性的生育意愿。

我们可以推动社区层面的婴幼儿托育机构建设,以为3岁以下的孩子建立一个全面的照料系统。这可以通过增加托育机构的数量,在社区级别发展包容性的托育服务体系来实现。为了保证这些机构的质量,建议政府实施认证流程,建立定期评估和退出机制。可以向符合规定、质量高的机构提供补贴,以降低二孩或三孩家庭的费用。政府还可以资助基层社区的托育机构,雇佣专业的托育提供者提供集中的照料服务。这将使家庭更容易获得这些服务,从而减轻托育的负担。政府可以鼓励有能力的企业和单位提供托育服务。这涉及制定鼓励行政单位和企业特别是国有企业,建立托育机构的政策。这不仅可以为他们的员工服务,也可以为周边社区的居民服务。政府可以向维护托育设施的企业提供税收优惠和财政支持。这可能包括对这些设施的运营费用提供税收减免,以及对必要的支出如场地和场地费用提供补贴。

第五章 跨国比较:高龄社会环境下中日两国女性生育观念的异同

▶ 第一节　中日两国高龄社会比较

　　中国和日本作为亚洲的两大经济体,都在经历着人口老龄化的挑战。数据显示,2021年,日本65岁及以上的老年人口占日本总人口的28.7%,而中国这一比例为12.6%。日本的老年人口比例更大,中国也在迅速步入高龄社会,面对的压力也越来越大。在养老金制度上,中日两国有所不同。中国的养老保险体系由企业职工养老保险、城镇居民养老保险和农村居民养老保险构成,日本的养老金包括公务员养老金、企业年金和国民年金。两国都在努力应对养老金支付的压力,特别是随着老年人口的增长,养老金的缺口问题愈加突出。中日两国由于其不同的历史、文化和社会制度背景,尽管都面临着人口老龄化的挑战,但采取的应对策略可能会有所区别。面向未来,两国都需要进一步应对高龄社会的挑战,改善社会保障和医疗系统,提升老年人的生活水平和幸福度。此外,增强国际交流和合作也是两国共同面对高龄社会问题的关键路径之一。在生育问题上,截至2021年,日本的总和生育率持续低迷,平均每名妇女生育1.34个孩子,中国的总和生育率也在下滑,但相对较高,平均每名妇女生育1.6个孩子。中国较低的生育率主要是由于过去的生育政策惯性导致的,而日本生育率的低迷则受多种因素的影响。中日两国都出现了年轻女性延后生育的趋势,年轻女性更愿意推迟婚姻和生育,优先追求教育和职业发展。在中国,特别是在一、二线城市等经济发达地区,许多女性更倾向于专注于职业发展,从而推迟生育。在日本,女性也往往因为经济压力和工作机会等因素选择晚婚和晚育,其中许多女性在结婚后难以平衡家庭和职业生涯之间的关系,有些女性甚至选择不生育以维持职业发展。

中国目前施行了全面三孩生育政策,以应对人口老龄化和人口结构失衡的挑战。日本政府也采取了一系列措施,如对育龄女性提供家庭支持和提供儿童抚养津贴等措施,以鼓励生育。在传统日本社会,由于整个社会对女性的期望主要集中在照顾家庭和孩子上,这可能影响女性的职业和生育决策。而在中国,虽然社会观念也有类似的倾向,但随着社会的进步和教育水平的提高,越来越多的女性开始追求职业发展和个人的自由独立,影响女性生育的传统观念逐渐式微。同时,为了确保社会的持续发展和人口结构的平衡,两国都在努力应对因儿童减少而导致的年轻劳动力不足的问题。

一、中国高龄社会环境下的生育观念

在中国,独生子女政策的推行不可避免地导致了人口老龄化的问题,这一点并非没有被人们意识到。1982年,中国成立了中国老龄问题全国委员会,并于1985年开始与国际老龄联合会合作推进中国的人口老龄化项目。1982年,联合国在维也纳召开了老龄问题世界大会,中国参加了这次会议,并就中国老龄化问题现状做了大会发言,这可以视为中国开始关注老龄问题的起点,那时中国的老年人口比例还相对较低。然而,当时中国相关专家已经指出,中国也已经陷入了老龄化的旋涡。

至 1999 年 2 月 20 日，中国 60 岁及以上的人口已经达到了总人口的 10%，中国正式步入了高龄社会的行列。预计到 2040 年，中国 65 岁及以上的人口将占总人口的 20% 以上，同时，80 岁及以上的老龄人群的数量正以每年 5% 的速度增长，到 2040 年，他们的数量将达到 7400 万人以上，而 2020 年第七次人口普查结果基本上印证了这一预测和判断。与此同时，中国尚未出现日本已经非常普遍的"少子化现象"。为了提高出生率，中国政府于 2021 年开始实施三孩生育政策，然而，由于中国的人口老龄化速度迅猛，人口基数大，人口老龄化必然会对中国社会发展的各个方面产生重大影响，因此，如何应对出生率下滑成为当前社会关注的热点问题。自 2000 年起，中国开始逐渐步入老龄化社会，按照当时世界银行的收入分类标准，中国是中等偏下收入经济体，具有典型的"未富先老"特征。随着老龄化程度的进一步加剧，预计到 2035 年，中国 65 岁以上的人口抚养比将超过美国，这或许将成为中美竞争的一个重要转折点。此外，中国相对欧盟的人口抚养比优势也将从 15% 降至 12% 左右，同时也会进一步扩大与印度的抚养比差距，这将对发展产生消极影响。世界上 100 多个中高收入国家近 25 年的数据分析表明，社会老龄化达到一定程度后，将对经济增长产生明显的负面影响。考虑到中国社会老龄化比率将在下一个时期处在世界前列，依据对应的人口估计参变量和预测人口数据以及《积极应对人口老龄化战略研究报告 2021》，在其他条件没有变化的前提下，单单是人口的快速老龄化，都会造成今后 5 年内中国经济年平均增长率下降 1% 的影响。

中国和日本作为两个东亚国家，都面临着严重的人口老龄化问题，但在应对老龄化的方式和所面临的问题上，两国有着很大的区别。以下是对两国在高龄社会方面的一些差异的探讨：首先，从人口结构来看,中国的人口基数大,老年人口数量众多,而日本的人口基数小,老年人口比例高。中国人口老龄化的速度快,而且存在"未富先老"的问题,这对中国的社会保障体系构成了很大的压力。日本也面临老龄化问题,但由于其经济发展水平较高,社会保障体系比较完善,所以对老年人的保障力度大。其次,在出生率方面,中国的出生率依然较低,而日本由于各种原因,如教育内卷压力、高生活成本以及女性职业发展等,出生率也持续低迷,且面临"少子化"问题。再次,在养老制度方面,中国和日本的养老制度也存在很大差异。中国的养老制度以基础养老保险和个人储蓄为主,而日本的养老保障体系则是基于"三层模型",包括政府养老保险、企业养老金和个人储蓄。最后,在家庭结构和传统观念方面,中国的家庭结构和传统观念也在一定程度上影响了其应对老龄化的方式。在中国,子女是照顾老年父母的主力,他们向老年父母提供必要的经济支持、生活照料和情感慰藉,而在日本,随着社会的发展和变迁,越来越多的老年人选择独居或者进入养老院。

综合而言,中国和日本在应对老龄化问题上各有优势和挑战,需要根据自身的国情,采取合适的策略和措施,以应对日益严重的人口老龄化问题。

二、日本高龄社会环境下的生育观念

中日两国在面对高龄社会问题上有着一些显著的差异。在日本,政府虽然鼓励人们增加生育,但实际上,个人做生育决定时多是基于个人的理性考虑,而非政府的倡议。日本的相关研究显示,家庭收入最高的女性比其他收入级别的女性更愿意生育。然而,家庭收入最低的女性并未表现出对生育的抵触意愿。这表明收入或家庭经济状况并不直接决定日本女性的生育意愿,影响个人生育意愿的因素复杂多变。

在日本,职业特性可能通过影响收入间接影响理想的子女数量,但理想的子女数量也会受到职业特性的影响。有些工作要求严格的上班时间,而有些工作则提供了较大的时间弹性,使女性能够在工作和家务之间找到平衡。可以灵活安排工作时间的女性(如个体经营者和学生)通常希望拥有更多的孩子。全职和兼职的女性在理想的子女数量上没有太大的差别,只要女性有正式工作,她们希望的孩子数量就会减少。而那些从事"合同工作"(被视为非常规性工作)的女性的生育意愿最低,理想的子女数量为2.27。

对于个体经营者和学生这两类职业的女性,我们需要分别考虑她们的生育意愿。通常,个体经营者女性的年龄比女性学生大,因此,前者的回答更可能反映了她们在工作和家庭生活平衡方面的考虑,而女性学生可能对家庭生活和社会要求的实际考虑不够,没有充分认识到生育对个人生活的实际影响。

值得注意的是,尽管家庭主妇有更多的闲暇时间来照顾孩子,但与职业女性相比,她们并不希望有更多的孩子。这一现象提醒我们,拥有更多的时间并不能保证女性愿意有更多的孩子。

日本的人口老龄化问题已经受到了很长时间的关注,早在1955年,黑田俊夫就发表了关于人口老龄化的研究论文。当时,这个现象被称为"高年化现象"。这项研究受到了联合国在1956年发布的关于人口老龄化报告的影响。1947年至1949年期间,日本经历了初步的复苏,平均每年的新生儿数量达到了270万人。①这批人口的成长催生了日本出生率在1971年至1973年期间达到了第二个高峰,在此期间每年的新生儿数量甚至能达到210万人。然而,从那以后,日本的总生育率和新生儿数量都开始下滑。2005年,日本的生育率降至1.26%,创下了历史新低。尽管政府采取了一些措施,生育率有所恢复,但出生率仍在持续下降。预计到2040年,日本每3个人中就将有1个是65岁以上的老人。到2050年,日本的总人口可能会从现在的约1.3亿人降至1亿人,而劳动年龄人口将从7900万人降至4900万人。由于人口老龄化的影响,日本已经成为全球老龄人口比例最高的国家。人口老龄化导致日本劳动力供需走向了难以逆转的失衡。日本经济增长缓慢,从1990年开始,由于企业投资减少,消费对日本的国内生产总值贡献度开始增加。在20世纪90年代初至21世纪初,消费占日本国内生产总值的比例从53%逐渐增长至59%。其中,必需品如食物和衣物的消费比例下降,而娱乐、租金、医疗和教育等服务消费的比例大幅上升,实现了经济的服务化升级。

① 内閣府.少子化社会対策大綱検討会(第1回)議事次第[EB/OL].(2003-12-10)[2019-09-27].https://www8.cao.go.jp/shoushi/shoushika/meeting/outline/k_shidai1.html.

▶第二节　中日两国女性生育观念的差异与相似之处

中日一衣带水，且都属于儒家文化圈，两国的文化也颇有相似之处，但两国女性的生育观念以及婚姻观在许多方面都存在着显著的差异。在法定结婚年龄方面，中国和日本也存在明显的差异。中国的法定结婚年龄是男性22周岁，女性20周岁。而日本在2018年调整了法定结婚年龄，将女性的法定年龄从16周岁提高到与男性一样的18周岁，这仍然远低于中国的法定结婚年龄。日本的法定结婚年龄较低，但实际上，日本女性的平均结婚年龄已经接近30岁。相比之下，中国女性的平均结婚年龄较低。根据由全国妇联主管的中国婚姻家庭联合会联合珍爱网发布的《中国幸福婚姻家庭调查报告——2015年十城市抽样调查》，我国平均结婚年龄为26岁，男性比女性高2.3岁，超过90%的女性在30岁之前结婚。中日两国女性在生育观念和婚姻观上的差异主要体现在法定结婚年龄以及实际结婚年龄上。

第一，无论在中国还是日本，现代女性在婚恋方面都以爱情和自愿为基础。自主婚姻已经成为主流，包办婚姻已经基本消失。中日女性都追求婚恋自由，相信只有情感相投，夫妻关系才能水到渠成。第二，随着女性获得了更多的自主权，她们在选择配偶时变得更加谨慎并且多元化。她们对于未来伴侣的各种要求可以明确提出，不再像过去那样被动接受安排。第三，与过去女性有责任传宗接代的观念不同，现代中日女性的生育观念已经发生了巨大变化。由于教育的普及，过早结婚的人反而会被视为异类，而且，随着观念的转变，少生甚至不生孩子也开始被更多中日女性所接受。第四，经济独立是所有独立的基础。经济独立意味着可以自主决定自己的生活，有更大的控制力。这对于女性来说是非常重要的，特别是在一些传统观念深厚的社会中。而教育的提升，对于女性而言意味着更多的就业机会。在很多行业中，需要高等教育背景的职位通常更有竞争力，也更有可能提供更好的薪酬和福利。根据中国国家统计局发布的《〈中国妇女发展纲要（2011—2020年）〉终期统计监测报告》，2020年高等教育毛入学率为54.4%，比2010年提高了4.1个百分点。而在日本，根据文部科学省的数据，女大学生的数量及其在学生总数中的占比也都在持续增长。这些数据说明，随着社会的发展，中日女性的受教育程度在不断提高，她们越来越能够在经济和生活上实现独立，不再需要依赖男性。

　　无论是在中国还是日本，经济方面的压力都对女性的生育观念产生了重要影响。许多女性可能会因为担忧生育对职业发展和家庭经济的影响，而选择延后生育或者决定不生育。生活成本的高涨，如房价和养育孩子的开销，可能让许多夫妇选择在经济条件更为优越的时候再考虑生育。这些经济压力成为家庭生育决策的重要考量。一些家庭可能会因为经济压力的影响，选择不生育或者减少生育数量。在一些经济发达的国家和地区，经济压力往往伴随着人口老龄化和少子化的问题。高昂的生活成本和经济不稳定可能导致生育率的下降，进一步加速人口老龄化的趋势。此外，政府的政策和社会福利也会对经济压力产生的影响进行调整。有些地方通过向育龄夫妇提供补贴和福利,来缓解他们的经济压力,以此鼓励他们生育。环境的不确定性,尤其是经济状况的不稳定,可能会影响夫妇的生育决策。在经济不景气的时期,许多家庭可能会选择推迟生育或者决定不生育,以应对不确定的经济环境。

在中国和日本,家庭责任对女性的生育观念有着重要的影响。许多女性在考虑生育问题时,通常会考虑到婚姻和家庭的稳定性、家庭的经济状况和育儿的责任。这种家庭责任可能会导致一些女性选择延后结婚和生育。在家庭生活中,女性通常需要承担照顾孩子和家庭的责任,这会对她们的职业发展和个人成长产生影响。因此,一些女性可能会选择推迟生育,以便有更多的时间和精力去追求教育提升和职业发展。家庭责任对夫妇是否选择生育以及生育多少个孩子,都起着决定性的作用。家庭的经济状况、夫妻之间的共识以及家庭成员的观点等因素,都会对夫妇的生育决策产生影响。家庭责任可能会给生育带来支持,例如家人对孩子的期待和鼓励,也可能带来压力,特别是在经济压力和育儿责任方面,这可能会影响夫妇的生育意愿。夫妻双方需要共同规划和协商家庭的未来,包括生育和育儿等各个方面。在做出生育决策时,家庭规划和家庭价值观都起着核心作用。在一些传统观念较为强烈的社区中,家庭责任可能会更强调传统的家庭价值观,比如婚姻和生育的责任。但是,随着社会的发展和价值观的多元化,家庭责任对生育的影响也在逐渐改变。

随着教育水平的提高,中日两国的女性对生育观念的态度也发生了显著的变化。接受过更高教育的女性往往会选择延后结婚和生育,以便有更多的时间和精力投入到追求更高层次的教育和职业发展中。

教育对个人成长和自我实现的重要性,使得受过教育的女性可能会选择推迟生育,以便在教育和职业发展方面获取更多的机会和成就。受过教育的女性通常对生育的影响和责任有更深入的理解,她们更加注重家庭规划,会更谨慎地考虑生育的时机和数量,以确保能够为自己的孩子提供更优质的环境和机会。受过教育的女性更倾向于在职业生涯和家庭生活之间找到平衡。她们更加重视事业和家庭的结合,不愿因为生育而放弃职业发展的机会。受过教育的女性通常更清楚计划生育的重要性,并更愿意采取有效的避孕措施,这有助于她们更好地控制生育,更有效地规划自己的家庭生活。教育水平的提高往往与女性就业率的提高有相关性。当女性更多地参与职场生活时,她们可能会选择延后生育或减少生育数量,以便更好地平衡职业和家庭责任。受过高等教育的女性更注重职业发展和个人成就,可能会选择推迟生育。中日两国在女性生育观念方面存在差异,但都面临着低出生率和人口老龄化的共同挑战,两国都在努力通过政策和措施来鼓励女性生育,并帮助她们平衡职业发展和家庭责任之间的关系。

第三节　中日两国政策对女性生育观念的影响比较

　　随着经济的发展和人们期望的提高,许多家庭因担心养育和教育成本的增加,选择推迟生育或不生育,这种现象在城市地区尤为明显。由于就业或者其他方面的限制,一些女性可能会因生育而面临职业发展的困扰,她们或许会选择推迟生育以追求事业,或者选择不生育以维持职业生涯的稳定。随着人口老龄化现象的加剧,少子化问题给社会养老和医疗保障带来了巨大压力,这可能会对女性的养老和家庭照顾责任产生影响。

　　为了应对这一问题,中国和日本都实施了一些社会保障政策,试图增强女性的生育意愿。中国推出了一系列家庭支援政策,以提供更好的生育和育儿环境,这可能会对女性的生育观念产生影响。职业发展援助为女性提供长期的产假和育儿假,使她们在生育后有充足的时间照顾新生儿,同时保留工作岗位和职业机会,对女性的生育决策具有积极影响。提供女性职业培训和晋升机会,帮助她们提升职业技能和竞争力,可以提升女性在职场上的地位和收入,增加她们在生育决策中的自主权。创建支持性的企业文化,倡导性别平等和家庭友好的政策,鼓励男性和女性共同分担家庭责任,可以减少女性因生育而面临的职业障碍。中国推出了一系列旨在支持女性职业发展的政策,如推动女性就业优惠政策,提供女性职业培训,等等,这些措施可以帮助女性更好地平衡职业发展和家庭生活,也会对女性的生育观念和意愿产生良好的影响。日本的家庭支持政策包括一次性的生育补助与产假、长期的育儿津贴、儿童托管补贴、抵税政策等,这些有助于减少女性在生育和抚养子女时的经济压力,从而鼓励女性生育。与此同时,日本也推出了一系列旨在支持女性职业发展的政策,例如提供灵活的工作制度,鼓励女性参与管理层,等等。这些政策为女性提供了更好的职业发展机会,并使她们能够平衡工作和家庭的关系,从而鼓励女性生育。

在对中日女性生育观念进行比较研究后,我们发现两国女性生育观念的变化路径极其相似,都随着经济的发展而发生了改变。然而,如前文所述,中国和日本都面临着老龄化和低生育率的问题。据日本厚生劳动省发布的人口动态统计数据,2022年日本新生儿数量为77.747万人(不含外国出生人口),自统计以来首次跌破80万人,较上一年减少4.875万人。日本的总和生育率长期低于1.5,人口已经开始负增长。据中国国家统计局发布的《中华人民共和国2022年国民经济和社会发展统计公报》,2022年末全国人口141175万人,比上年末减少85万人,其中城镇常住人口92071万人。全年出生人口956万人,出生率为6.77‰;死亡人口1041万人,死亡率为7.37‰;自然增长率为-0.60‰。目前,中日两国都实施了一系列政策以鼓励年轻人结婚生育。例如,中国实施了三孩生育政策,延长产假和婚假等,日本提供生育津贴、教育津贴,降低家庭税收负担等。总的来说,现代中日两国的女性在政治、经济、文化教育、社会生活等方面享有的权利是以前无法比拟的,婚姻观念已经从包办婚姻、政治联姻发展到自由恋爱、自主选择的多元化和时代化的婚姻观,而生育观念也随着社会经济的发展在不断进步。在可见的未来,女性的生育观念将随着政策调整和社会进步而继续发展和变化。中日两国的生育政策都在一定程度上对各自的女性生育观念产生了影响。中国在积极引导女性改变其生育观念,因此,随着生育政策的调整和针对家庭生育各项扶持政策的出台,中国女性的生育观念和生育意愿也在悄然发生变化。日本通过实施一系列的扶持政策,为女性提供了优化的养育环境,同时也致力于帮助女性在职业发展和家庭生活之间找到平衡。

第六章　结论与展望

一、主要研究总结

生育意愿在性别、社会阶层以及经济发展水平不同的地区之间的差异,已经成为限制整体生育率上升的主要因素。此外,影响不同胎次生育意愿的因素也更为复杂,如个人家庭特征、地区特征等,对二孩、三孩生育意愿的影响存在明显差异。因此,考虑到不同国家区域的经济文化发展差异以及人口转变的不平衡性,制定差异化的生育支持政策以满足不同的生育需求,显得尤为重要。

从中日两国高龄社会环境下女性生育观念的研究中,我们可以看到,女性的生育观念在这种社会背景下普遍发生了变化。由于人口老龄化的加剧和经济压力的增加,很多女性选择了推迟生育、降低生育数量或者不生育。家庭观念、教育、社会保障政策以及国家生育政策等因素,都对女性的生育观念产生了重要影响。在这些因素的互相作用下,一些女性开始更加注重职业发展和个人追求与生育行为的平衡。

因此,可以说中日两国在高龄社会环境下,女性的生育观念受到了社会文化习俗、家庭观念、教育程度、社会保障政策和国家生育政策等多种因素的影响,通过研究这些因素对女性生育意愿和行为的影响为我们应对高龄社会环境下女性的生育问题提供了有益的参考和启示。

二、研究的局限性与未来展望

本研究的焦点是对中日两国在高龄社会环境下女性的生育观念进行比较,并未包含其他国家或地区的分析,未来的研究可以将视野扩大到更多的国家和地区,以便得到更全面的比较结果。

此外,本书的研究数据主要来源于调查研究和文献分析,这就有可能导致数据的不完整或主观性过强。因此,这一领域未来的研究应考虑结合更多的定量数据和实地调研,以提升研究结果的可信度。我们需要明确的是,中日两国具有独特的文化和社会背景,这对女性生育观念的形成和变化有着重大影响。然而,本研究并没有深入探讨这些差异的源头。未来的研究可以更深入地探索文化和社会因素对女性生育观念的影响,并在更广的跨文化比较中对其进行考量。女性生育观念的形成和变化是一个长期过程,会受到多种因素的共同影响。本研究聚焦于一些关键的影响因素,未来的研究可以深入研究这些因素在不同时间段的长期效应,以及可能存在的其他影响因素。未来的研究可以继续探讨以上的局限性,并结合社会变迁、政策演变和文化变革等因素,对中日两国在高龄社会环境下女性生育观念的形成和变化机制进行深入研究。同时,研究者可以利用更多的定量和定性研究方法,以及横向和纵向的研究设计,来全面理解女性生育观念的复杂性和多样性。这将有助于未来制定更有针对性的政策和干预措施,推动女性在高龄社会环境下做出健康、平衡和可持续的生育决策。

生育的价值一直被个体和家庭视为至关重要的,因为它不仅仅关联到家庭血脉的传承,也是人类和社会发展的必要环节。这一点在大多数国家各种人口政策中得到了强烈的体现,生育观念和价值在一定程度上往往反映出国家的意志和方向,然而,尽管生育的社会价值显而易见,却并未得到应有的社会普遍认同。与生产劳动相比,生育劳动的主要承担者——女性,往往无法获得与之相应的社会认同。在女性受教育程度提升、社会化养老取代养儿防老现象普遍存在以及高离婚率的背景下,个体理性的选择不仅影响了高学历、高收入女性的生育意愿,也影响了对婚姻家庭感到失望的女性的生育意愿。目前的生育鼓励政策主要包括生育保险、生育津贴和产假等,但这些政策无法全面覆盖所有女性,也无法显著提升女性的生育意愿,因为生育和抚养孩子的高成本仍然存在。这些政策无法直接解决核心问题,即生育的社会价值如何得到有效的社会认同。

换言之,我们应该如何通过工资和社会保障机制,让所有女性在承担生育责任时能够获得与其在职场劳动相当的回报？如何保证生育的女性在失业或再就业时有足够的保障？如何让她们有足够的信心和资源应对职场压力和婚姻家庭的瓦解？我们应该如何将社会化大生产劳动的报酬和保障机制扩展到生育(再生产)劳动者？是否可以利用社会主义制度的优势为中国,甚至为全世界,为人类提供一种解决方案？这是我们需要深入探讨的问题。

参考文献

[1]李竞能.当代西方人口学说[M].太原:山西人民出版社,1992.

[2]王俊祥.孩子的价值及对孩子数量、素质和性别的选择[J].中国人口科学,1990(2):60-62.

[3]J.罗斯·埃什尔曼.家庭导论[M].北京:中国社会科学出版社,1991.

[4]叶文振.孩子需求论:中国孩子的成本和效用[M].上海:复旦大学出版社,1998.

[5]杨魁孚,陈胜利,魏津生.中国计划生育效益与投入[M].北京:人民出版社,2000.

[6]王胜今,景跃军.中国农村生育行为研究[M].长春:长春出版社,1999.

[7]夏颖.从社会抚养费的征收看中国农村孩子成本:效益分析[D].北京:中国人民大学,2004.

[8]徐安琪.孩子的经济成本:转型期的结构变化和优化[J].青年研究,2004(12):1-8,35.

[9]段甲旺.试论"孩子的成本效益理论"的借鉴价值:也谈实现计划生育工作思路和方法的"两个转变"[J].西北人口,1997(4):6-10.

[10]李建民.论生育控制个人成本的社会补偿:一个理论分析框架[J].
南方人口,2000(4):25-29.

[11]刘铮,段成荣.人口投资与人口素质[J].人口研究,1989(6):9-13.

[12]王振东,明立群.中国人口转变的经济学分析[J].南昌大学学报(人
文社会科学版),2003(3):68-72.

[13]朱楚珠,张友干.中国咸阳部分农村孩子成本与效益研究[J].人口
与经济,1996(5):13-22.

[14]大渊宽,森冈仁,张真宁.生育率经济学(一):贝克尔的创见及其先
驱者[J].人口与经济,1988(2):16-18,40.

[15]大渊宽,森冈仁.经济人口学[M].张真宁,译.北京:北京经济学院
出版社,1989.

[16]冯立天,王树新,孟浩涵.新生劳动力培养费用调查研究[J].中国人
口科学,1987(1):47-55.

[17]BECKER G. An economic analysis of fertility[M]//National Bureau
of Economic Research. Demographic and economic change in developed
countries. Princeton, NJ: Princeton University Press, 1960.

[18]大渊宽,森冈仁,张真宁.生育率经济学(二):芝加哥派和依斯特林
派[J].人口与经济,1988(3):46-48.

[19]大渊宽,森冈仁,张真宁.生育率经济学(三):与社会学的合并[J].
人口与经济,1988(4):41-43.

[20]EASTERLIN R A. The economics and society of fertility: a synthesis
[M]//TILLY C. Historical studies of changing fertility. Princeton,
NJ: Princeton University Press, 1978.

[21]莱斯利.社会脉络中的家庭[M].北京:华夏出版社,1982.

［22］李竞能.现代西方人口理论［M］.上海：复旦大学出版社，2004.

［23］张伟.人口控制学［M］.北京：中国人口出版社，2000.

［24］佟新.人口社会学［M］.4版.北京：北京大学出版社，2000.

［25］大卫·皮尔斯.绿色经济的蓝图：衡量可持续发展［M］.北京：北京师范大学出版社，1996.

［26］J.丁伯根.生产、收入与福利［M］.北京：北京经济学院出版社，1991.

［27］赫尔曼·E.戴利.超越增长：可持续发展的经济学［M］.诸大建，胡圣，译.上海：上海译文出版社，2001.

［28］威廉·福格特.生存之路［M］.张子美，译.北京：商务印书馆，1981.

［29］朱国华.权力的文化逻辑［M］.上海：上海三联书店，2004.

［30］张红杰，陈焱.经济转型期失业形成的原因及其治理对策［J］.山东省农业管理干部学院学报，2005(2)：75-76.

［31］龚玉泉，袁志刚.中国经济增长与就业增长的非一致性及其形成机理［J］.经济学动态，2002(10)：35-39.

［32］张建伟，胡隽.社会保障制度：和谐社会的基石［J］.学习月刊，2005(2)：18-19.

［33］李银河.生育与村落文化：一爷之孙［M］.北京：文化艺术出版社，2003.

［34］李建民.论社会生育成本及其补偿［J］.广东社会科学，2000(1)：98-106.

［35］田雪原.人口·经济·社会：可持续发展［M］.北京：中国经济出版社，2003.

［36］伊·普里戈金，伊·斯唐热.从混沌到有序：人与自然的新对话［M］.曾庆宏，沈小峰，译.上海：上海译文出版社，1987.

[37]吕红平,陈胜利.社会性别与人口发展[M].北京:中国人口出版社,
2005.

[38]李建民.生育理性和生育决策与我国低生育水平稳定机制的转变
[J].人口研究,2004,28(6):2-18.

[39]陈卫,史梅.中国妇女生育率影响因素再研究:伊斯特林模型的实
证分析[J].中国人口科学,2002(2):49-53.

[40]傅华.生态伦理学探究[M].北京:华夏出版社,2002.

[41]顾宝昌.社会人口学的视野:西方社会人口学要论选择[M].北京:
商务印书馆,1992.

[42]尹文耀.中国生育率地理波与先进生育文化的区域传播[J].人口研
究,2003,27(2):42-46.

[43]国家人口和计划生育委员会宣教司.全国生育文化理论与实践研
讨会论文集[C].北京:中国人口出版社,2003.

[44]韦伯.韦伯作品集Ⅶ:社会学的基本概念[M].顾忠华,译.桂林:广
西师范大学出版社,2005.

[45]李兵.生育行动的一般理论:"理解人口学"初探[J].福州大学学报
(哲学社会科学版),2003(3):43-50,112.

[46]叶文振.论孩子效用和人口控制:来自中国厦门近千户家庭问卷调
查的启示[J].人口研究,1998,22(5):1-12.

[47]陈震.农民生育的外部性与文化边际性:现阶段农村人口控制的理
论思考[J].人口与经济,1998(1):37-40,61.

[48]加里·S.贝克尔.生育率的经济分析[M]//北京大学人口理论研究
所.控制人口与发展经济2.北京:北京大学出版社,1985.

[49]陈俊杰,穆光宗.农民的生育需求[J].中国社会科学,1996(2):

126-138.

[50]叶文振.孩子需求论:中国孩子的成本和效用[M].上海:复旦大学出版社,1998.

[51]徐向红.人口生育行为的理论追溯及经济成本和经济效用[J].西北人口,2001(4):12-15.

[52]刘琦.白领女性阶层生育意愿影响因素分析[J].人民论坛(中旬刊),2015(7):143-145.

[53]胡荣,林彬彬.性别平等观念与女性生育意愿[J].求索,2020(4):142-148.

[54]何兴邦,王学义,周葵.养儿防老观念和农村青年生育意愿:基于CGSS(2013)的经验证据[J].西北人口,2017,38(2):31-38,53.

[55]江苏芬."全面二孩"政策背景下女性社会保障存在的问题及对策分析[J].重庆工商大学学报(社会科学版),2017,34(6):77-81.

[56]贾志科.20世纪50年代后我国居民生育意愿的变化[J].人口与经济,2009(4):24-28,33.

[57]姜玉,庄亚儿.生育政策调整对生育意愿影响研究:基于2015年追踪调查数据的发现[J].西北人口,2017,38(3):33-37,44.

[58]阚唯,梁颖,李成福.国际鼓励生育政策实践对中国的启示[J].西北人口,2018,39(5):47-56.

[59]李波平,向华丽.不同代际育龄妇女生育意愿及影响因素研究:以武汉城市圈为例[J].人口与经济,2010(3):13-20.

[60]顾宝昌.论生育和生育转变:数量、时间和性别[J].人口研究,1992(6):1-7.

[61]吕世辰,杨华磊.我国东中西三地区农民二孩生育比较研究[J].天

津师范大学学报(社会科学版),2019(6):75-83.

[62]王军,王广州.中国育龄人群的生育意愿及其影响估计[J].中国人口科学,2013(4):26-35.

[63]王记文.很低生育率背景下中国的生育意愿及其影响因素研究:基于CGSS(2010~2015)重复调查数据的分析[J].西北人口,2018(4):73-80.

[64]费孝通著.生育制度[M].上海:华东师范大学出版社,2019.

[65]雷蒙·威廉斯.关键词:文化与社会的词汇[M].刘建基,译.北京:生活·读书·新知三联书店,2016.

[66]李银河.生育与村落文化[M].呼和浩特:内蒙古大学出版社,2009.

[67]王学义,王春蕊.禀赋、场域与中国妇女生育意愿研究[J].人口学刊,2011(1):3-9.

[68]许慎.说文解字[M].北京:中华书局,2013.

[69]梁中堂.中国计划生育政策史论[M].北京:中国发展出版社,2014.

[70]莫言.蛙[M].杭州:浙江文艺出版社,2020.

[71]施蒂格·夏瓦.文化与社会的媒介化[M].刘君,等,译.上海:复旦大学出版社,2018.

[72]诺曼·费尔克拉夫.话语与社会变迁[M].殷晓蓉,译.北京:华夏出版社,2003.

[73]刘海龙.大众传播理论:范式与流派[M].北京:中国人民大学出版社,2008.

[74]沈奕斐.透过性别看世界[M].上海:上海人民出版社,2019.

[75]梁萌.加班:互联网企业的工作压力机制及变迁[M].北京:社会科学文献出版社,2019.

[76]雷吉斯·德布雷.普通媒介学教程[M].陈卫星,王杨,译.北京:清华大学出版社,2014.

[77]肖巍.女性主义关怀伦理学[J].贵阳市委党校学报,1999(2):19-20.

[78]肖巍.母婴关系:女性主义精神分析学和伦理学探讨[J].伦理学研究,2013(4):90-97.

[79]唐凯麟,王燕.当代婚姻家庭矛盾及其对策的实证研究[J].伦理学研究,2019(6):130-138.

[80]唐凯麟.计划生育和人权问题的伦理思考[J].道德与文明,1992(4):8-10.

[81]唐凯麟.孔子的人口伦理思想[J].道德与文明,1991(4):27-30.

[82]徐安琪.夫妻权力模式与女性家庭地位满意度研究[J].浙江学刊,2004(2):208-213.

[83]张敏如.关于春秋战国时期人口思想的几个问题[J].人口研究,1981(3):25-31.

[84]刘科.人类生育技术化与传统伦理框架的开放[J].河南师范大学学报(哲学社会科学版),2002(1):60-63.

[85]许静.中国低生育水平与意愿生育水平的差距[J].人口与发展,2010(1):27-37,67.

[86]李银河,冯小双.独身现象及其文化含义[J].中国社会科学,1991(3):83-94.

[87]杨剑利.观念传承与生育阵痛:民国乡村妇女生育探微[J].汉江论坛,2010(6):88-92.

[88]栾荷莎.新时期以来中西方女性主义交流的路径与困境[J].河南科

技大学学报(社会科学版),2020,38(2):19-23.

[89]常庆欣.西方马克思主义女性主义经济学的困境与批判[J].马克思主义理论学科研究,2020(2):105-112.

[90]刘璞玉.论自由主义女性理论的福利思想[J].大众文艺,2020(5):235-236.

[91]唐向红.日本女性就业状况的变化及其原因分析[J].现代日本经济,2011(5):64-71.

[92]丁红卫.安倍的"女性经济学"折射出什么[J].世界知识,2014(16):70-72.

[93]福田慎一.人口減少がマクロ経済成長に与える影響:経済成長理論からの視点—[J].経済分析,2017,196:9-27.

[94]早川英男.アベノミクス新「3本の矢」:その背景と意味[EB/OL].(2015-11-01)[2019-10-10].https://www.fujitsu.com/jp/group/fri/column/opinion/201511/2015-11-1.html.

[95]伊奈正人.サブカルチャーの社会学[M].京都:世界思想社,1999.

[96]伊達雄高,清水谷論.日本の出生率低下の要因分析:実証研究のサーベイと政策的含意の検討[J].経済分析,2005(6):93-135.

[97]岩澤美帆.「ポスト人口転換期」の出生動向:少子化の経緯と展望[J].人口問題研究,2015(6):86-101.

[98]日本人口学研究会.現代人口辞典[M].東京:原書房,2010.

[99]国立社会保障・人口問題研究所.日本の将来の推計人口[EB/OL].(2017-07-31)[2020-01-10].http://www.ipss.go.jp/pp-zenkoku/j/zenkoku2017/pp29_ReportALL.pdf.

[100]内閣府.少子化社会対策会議について[EB/OL].(2019-09-28)

［2023-07-28］. https://www8. cao. go. jp/shoushi/shoushika/meeting/
measures/index.html.

［101］内閣府.少子化社会対策大綱検討会（第1回）議事次第［EB/OL］.
（2003-12-10）［2019-09-27］.https://www8.cao.go.jp/shoushi/shoushika/
meeting/outline/k_shidai1.html.

［102］小池司郎.人口移動と出生行動の関係について：初婚前におけ
る大都市圏への移動者を中心として［J］.人口問題研究,2009
（9）：3-20.

［103］大淵寛,阿藤誠.少子化の政策学［M］.東京：原書房,2005.

［104］大淵寛,兼清弘之.少子化の社会経済学［M］.東京：原書房,2005.

［105］大淵寛,高橋重郷.少子化の人口学［M］.東京：原書房,2004.

［106］総務省統計局.人口推計2020年（令和2年）2月報［EB/OL］.
（2020-02-20）［2020-03-14］.https://www.stat.go.jp/data/jinsui/pdf/
202002.pdf.

［107］衆議院.次世代育成支援対策推進法［EB/OL］.（2003-07-16）
［2019-09-28］. http://www. shugiin. go. jp/internet/itdb_housei. nsf/html/
housei/15620030716120.html.

［108］首相官邸.ニッポン一億総活躍プランについて［EB/OL］.（2016-
06-02）［2019-09-28］.https://www.gov-online.go.jp/tokusyu/ichiokus
oukatsuyaku/plan/.

［109］首相官邸.働き方改革実行計画概要［EB/OL］.（2017-03-28）
［2019-09-28］. https://www. kantei. go. jp/jp/headline/pdf/20170328/
05.pdf.

［110］首相官邸.「子育て安心プラン」について［EB/OL］.（2017-06-22）

参考文献

［2019-09-28］.https://www.kantei.go.jp/jp/singi/syakaihosyou_kaika
ku/dai7/shiryou7.pdf.

［111］高橋重郷,大淵寛.人口減少と少子化対策［M］.東京:原書房,
2015.

［112］高橋重郷.超少子化と家庭・社会の変容:セミナーの概要とパ
ネルディスカッション［J］.人口問題研究,2008(6):36.

附录　女性生育意愿访谈提纲

一、基本信息

年龄：

受教育程度：

职业：

婚姻状况：

二、访谈基本内容

1. 您对于传统的生育观持怎样的看法？

2. 对于生育几个孩子,您主要考虑的是什么?(政策、经济状况、住房、孩子照料问题、事业发展、家人意见、教育、家务分工、婚姻幸福感)(根据回答进行追问。)

3. 您生育孩子的目的是什么呢?

(1)没有任何限制的话,您希望生育几个孩子?

(2)您实际会选择生几个孩子呢？

(3)您认为理想的生育年龄是多少岁？为什么？

4. 您对生育政策有什么看法呢？

5. 您认为人口政策改革能提升女性的生育意愿吗？

6. 您对延长产假、提供生育津贴这些配套措施有什么看法呢？

7. 对于提升生育意愿而言，您希望国家出台哪些法律法规呢？

8. 如果您已婚已育，您家庭中看护孩子的状况是什么样的？配偶的参与度高吗？如果您未婚未育，您对"丧偶式育儿"有何看法？如果您现在处于适育的年龄，配偶在养育中的参与程度是否会成为生育所考量的一个指标？

9. 您觉得生育以及养育孩子对您的职业发展有影响吗？如果有，具体体现在哪些方面？对于孩子和自身的发展来说，您会优先选择哪一个？

10. 您对当下有部分女性选择优先发展事业而不生孩子有什么看法？如果您认同这样的观点，是否会担心未来的养老问题？

11. 当下也有一些单身女性，并不愿意走进婚姻，但有想要孩子的愿望，故而选择独立生育和养育，对此您有什么看法？

12. 如果说未来会出现新的生育政策变革，除了媒体简单的信息类报道，您还比较关注哪些方面？在关于生育以及养育孩子的问题上，您还期待媒体有哪些呈现？

13. 对于当下存在的各种女性生育观念及状况，您又是如何看待的呢？

后　记

在本书的写作过程中，我深切地感受到了本研究课题所遇到的困难和挑战，但同时也更加深刻地认识到了这个研究课题的重要性和对未来的影响。在研究过程中本书揭示了许多新颖且具有启示性的发现，其中最重要的一点是，无论是在中国还是在日本，高龄社会环境都对女性的生育观念产生了深远的影响，这些影响既有普遍性的，也有特殊性的，既有积极影响，也有消极影响。

我希望本书能够为读者提供一个新颖而独特的视角，去看待和理解我们生活的这个逐渐走向高龄社会的大环境，以及这个环境如何塑造我们的观念和行为。我也希望，本书能够引发更多关于高龄社会环境和生育观念的讨论和研究，为未来的社会发展提供更多的思考和启示。在全球人口老龄化的大背景下，我选择了中日两国适龄女性群体作为研究对象，这两个国家在人口老龄化程度和社会环境上都有着显著的特点。中国是世界上人口最多的国家，其人口老龄化问题引起了广泛的关注。而日本是世界上人口老龄化最严重的国家之一，其独特的社会环境和女性生育观念对本研究具有重要的参考价值。

本书尝试通过对比分析和深度研究，揭示在高龄社会环境下，影响

后　记

中日两国女性生育观念的主要因素和相关规律。本书希望通过比较研究，找出两国女性在生育观念上的异同，以及这些异同背后的社会和文化原因。本研究无疑具有一定的理论和实践价值。从理论维度观之，它将丰富和深化我们关于高龄社会环境对女性生育观念影响的认识。在实践层面探之，它将为政策制定者和社会工作者提供有价值的参考信息，以更好地面对和解决人口老龄化带来的问题。

在研究过程中，我进行了大量的文献查阅、深度访谈和实地考察，试图从多元维度与层次理解和揭示高龄社会环境下女性生育观念的复杂性和多样性。在本研究中，我发现：经济发展水平、教育水平、社会保障系统、家庭结构、文化传统等各个方面都在不同程度上影响着女性的生育观念，这些因素深刻塑造了不同女性群体的生育观念、生育行为和方式；中日两国女性在生育观念上存在许多相似之处，但也有明显的差异，例如，在对待生育的态度上，两国女性都呈现出了更加注重个人发展和生活质量的趋势，但在具体的生育行为和生育决策上，两国女性的选择却受到各自国家的社会政策、经济条件、文化环境等多重因素的影响。我希望通过本书的研究，能够引起人们对高龄社会环境下女性生育观念的关注和思考，进一步推动相关政策的制定和完善，以应对人口老龄化带来的挑战。同时，我也期待读者能通过阅读本书，对中日两国高龄社会环境下的女性生育观念有更深入的理解和认识。

最后，我要感谢我们的研究团队赵志伟老师、胡静老师，以及其他所有给予我支持和帮助的人，尤其是日本横滨国立大学安藤孝敏教授，他为了我的访学多次咨询校方并不断提供帮助，也为本书写作提供了很多建议和调查材料，还有安藤研究室的大谷美保老师、吉田佳子老师、滝沢惠子老师和野村忠司老师，他们多次帮助我搜集和打印材料。

我也要感谢每一位读者,是你们的阅读和思考,使我们的研究有了意义和价值。我期待你们的反馈和建议,也期待在未来的研究和探索中与你们相遇。